|人|文|社|科|

高校学术研究论著丛刊

新时期社区建设与发展创新

马国瑾 著

图书在版编目(CIP)数据

新时期社区建设与发展创新/马国瑾著.—北京：
中国书籍出版社，2019.10
ISBN 978-7-5068-7482-3

Ⅰ.①新…　Ⅱ.①马…　Ⅲ.①社区建设—研究—中国
Ⅳ.①D669.3

中国版本图书馆 CIP 数据核字(2019)第 234328 号

新时期社区建设与发展创新

马国瑾　著

丛书策划　谭　鹏　武　斌
责任编辑　张　娟　成晓春
责任印制　孙马飞　马　芝
封面设计　东方美迪
出版发行　中国书籍出版社
地　　址　北京市丰台区三路居路 97 号(邮编：100073)
电　　话　(010)52257143(总编室)　(010)52257140(发行部)
电子邮箱　eo@chinabp.com.cn
经　　销　全国新华书店
印　　刷　三河市铭浩彩色印装有限公司
开　　本　710 毫米×1000 毫米　1/16
印　　张　16
字　　数　207 千字
版　　次　2020 年 1 月第 1 版　2020 年 1 月第 1 次印刷
书　　号　ISBN 978-7-5068-7482-3
定　　价　78.00 元

目　　录

第一章　社区与社区建设

社区是人类个体的有机集合，社区发展水平在某种意义上代表着一个国家或地区的发展水平。尤其是对于现代社会来说，社区发展对于推进社会进步具有积极作用。因此，加强社区建设，促进社区的良好发展十分必要。

第一节　社区的含义和类型

一、社区的含义

社区的概念，可以分为实践和理论两个层面。从实践层面来看，社区作为一种地域性的聚居共同体，早在原始社会人类进化到群体定居阶段就出现了。而从理论层面上看，社区作为社会学的一个专用术语和研究对象，最初出现在工业社会的发展过程之中。①

随着社会的发展，人类对于社区有了基本认识，但是学术界并没有对社区的概念达成共识。1955 年，美国社会学家乔治·希勒里发现，在各种社会学文献中至少出现了 94 种社区定义。1981 年，居住在美国的华人社会学家杨庆堃教授统计发现，有关社区的定义增加到 140 多种。② 目前，关于社区的定义已不下 150

① 种效博. 东营市城市社区建设的思路创新[J]. 中国石油大学学报(社会科学版)，2011(04)：41-45.

② 王琪. 社区矫正：构建和谐社会的法制保障[J]. 中国特色社会主义研究，2008(02)：63-67，101.

种，而对于社区概念的争论仍然没有停止。正如有的学者所指出的那样，社区概念不断地以新的意义或面貌“借尸还魂”或“浴火重生”。由于侧重点的不同，对社区概念的定义呈现出五花八门的景象。有的从社会群体、过程的角度去界定社区，认为社区是具有共同利益和信念的人在共同参与和组织多样性生活的过程中所构成的群体；有的从社会系统、社会功能的角度去界定社区，认为社区是享有共同利益和共同功能的人组成的群体；有的从地理区划（自然的与人文的）的角度去界定社区，认为社区是居住在一定地方的人共同生活、实现自治的共同体；还有人从归属感、认同感及社区参与的角度来界定社区。①

（一）社区初探

按照学术界的一般认识，普遍认为社区的概念最早是由德国社会学家滕尼斯提出来的。1887 年，滕尼斯在其代表作《社区与社会》一书中正式提出了“社区”这一概念②，意在通过社区与社会的研究反映从传统农业社会向现代商业化社会过渡的整体变迁趋势。在德语中，Gemeinschaft 的原意是共有、共享、公社、团体、共同体等。对滕尼斯而言，他并无意使用一般意义上的共同体概念。滕尼斯认为，人们相互的社会关系可以分为两类：一类是基于情感、恋念和内心倾向的关系，一类是为了达到某种目的而建立在占有物的合理交易和交换基础上的关系。③ 按照滕尼斯的理论，人类个体基于情感、恋念和内心倾向关系，可以建立为人群组合，而这种组合就称为共同体。滕尼斯认为，这种共同体是根据人们的自然意愿结合而成的，人们的关系建立在习惯、传统和信仰之上，人们之间有着亲密的、面对面的直接接触，能够强烈地感

---

① 姜振华，胡鸿保. 社区概念发展的历程[J]. 中国青年政治学院学报，2002(04)：121-124.

② 罗霆. 城市社区建设中的社区传播与社区媒体——以社区报为例[J]. 中共桂林市委党校学报，2011(02)：60-63.

③ 汪国新，项秉健. 社区学习共同体：重拾共同体生活的现实载体[J]. 教育发展研究，2018(09)：64-69.

受到群体的团结，并受传统的约束。[①] 传统的乡村是滕尼斯所认为的共同体的典型代表。需要注意的是，滕尼斯所理解的社区内涵十分丰富，他并没有将社区仅仅看作是一种地域共同体，社区同时还应该是精神共同体和血缘共同体。[②] 虽然滕尼斯并未对社区这一概念下具体的定义，但他为后世的社区研究奠定了坚实的理论基础。

随着人类社会的发展，工业化和城市化成为人类社会的必然发展趋势，同时在这样的背景下，社区生活不断变迁，这就导致人类社会的问题越来越多，滕尼斯所提出的社区概念也逐渐引起更多西方社会学家的关注。20 世纪 20 年代，美国社会学家密斯将滕尼斯的代表作翻译成英文[③]，起初，他将这本书命名为 *Fundamental Concepts of Sociology*（《社会学的基础概念》），之后又将本书的名字译为 *Community and Society*（《社区与社会》），从而首次将英文中的 Community 与德文中的 Gemeinschaft 对应起来。英文中的 Community 一词起源于拉丁语 Communis，意思是"共同的东西"和"亲密的伙伴关系"。就社会学领域而言，英文 Community 一词主要强调三点：一是指小社会，即一个完整的大社会的重要组成部分；二是指这种小社会具有区域性，即强调其地域性特征；三是指共同体，即这一地域性人群具有文化和价值观上的某种共同性，使他们得以从完整的大社会中分离出来。可见，经过不同语言翻译之后，滕尼斯所讲的社区的概念内涵已然发生了变化，更加强调社区概念的地域性成分。

随着社会发展不断推进，20 世纪上半叶，美国社会学界已经逐步将城市问题作为社区研究的主要方向，芝加哥学派则为这类研究的重要代表。他们认为，从严格意义上讲，滕尼斯所强调的

---

① 吴增基，吴鹏森，苏振芳. 现代社会学（第五版）[M]. 上海：上海人民出版社，2014：227.

② 姜振华，胡鸿保. 社区概念发展的历程[J]. 中国青年政治学院学报，2002(04)：121-124.

③ 甘永成. 虚拟学习社区中的知识建构和集体智慧研究——以知识管理与 e-Learning 结合的视角[D]. 华东师范大学，2004.

Gemeinschaft 概念在现代社会中已经不复存在，社区研究中所指的 Community 更多的是一种具有地域空间意义的“社区”。以人文区位学研究著称的芝加哥学派代表人物 R. E. 帕克等人首次对社区概念下了明确的定义。他们认为：“对一个社区所能作的最简明扼要的说明是：占据在一块被或多或少明确地限定了的地域上的人群的汇集。但是，一个社区还远不止这些。一个社区不仅仅是人的汇集，也是组织制度的汇集。”[①]在这里，帕克赋予了社区概念的地域社会含义。[②] 此后，更多的社会学家与社区研究者开始从地域、功能、文化等不同角度来给社区下定义，从而赋予社区概念更加丰富的内涵。不同的理论流派虽然没有就社区的概念达成共识，但得到广泛认可的一点是，社区理应是具有归属感和认同感的区域社会。

在该时期，随着学术界对社区的不断深入探讨和研究，已经基本上形成了三种理论取向，分别为类型学取向、生态学取向和结构功能主义取向，不同的理论取向强调的重点存在一定的差异。在类型学取向下，社区被看作是更广泛的关系或群体类型的表现。这一认识的重点在于对社区按照某种类型特点做出划分，通过两个或者多个要素之间的比较，来对社区的概念进行深入考察。比如，从城市和乡村、地方性和普遍性、社区和社会、初级群体和次级群体等角度出发，可以对社区概念做一个全方位的剖析与解读。在生态学取向下，主要突出的是自然环境对于社区结构和演化的影响。生态学取向的研究始于盖宾，随后芝加哥学派从这一角度出发做了深入的研究。这种生态学取向的研究是建立在一定假设基础之上的，即人类社区的演进是有规律可循的，环境条件是影响不同地区开放程度的重要因素。研究者还假定将人际互动区分为“生态互动”与“社会互动”，或“社区”与“社会”两

---

① R. E. 帕克等. 城市社会学——芝加哥学派城市研究文集[M]. 北京：华夏出版社，1987：110.

② 王永奎，房艳. 生态社区：未来城市社区发展的必然选择——以青岛李沧区为例[J]. 中共青岛市委党校. 青岛行政学院学报，2013(06)：86-91.

种形式。两组中的前一种是无意识的、自发的、不受人类控制的，并可以像研究自然现象那样加以研究。在结构功能主义取向下，社区被看作是一种包含众多要素、具备多重要素的系统。[①] 结构功能主义倾向于把社区作为一种系统研究，并以此来分析影响系统形成与发展的各种因素。随着结构功能主义理论的发展以及社区人类学向社会学的过渡，上述观点得到了广泛的认可。

（二）社区的深化认识

到20世纪中后期，人类社会相较于之前发生了较大变化。随着科学技术的不断发展，通信和交通越来越便利，人类社会交往发生了改变，超越传统社区范围的社区交往越来越频繁。有学者指出，社区居民应从地域和场所中解放出来，建立超出邻里关系甚至根本与邻里关系无关的群体关系，也就是所谓的“社区解放论”。世界卫生组织于1974年集合社区卫生护理界的专家，共同界定了适用于社区卫生作用的社区定义：“社区是指固定的地理区域范围内的社会团体，其成员有着共同的兴趣，彼此认识且互相来往，行使社会功能，创造社会规范，形成特有的价值体系和社会福利事业。每个成员均经由家庭、近邻、社区融入更大的社区。”[②]

而在网络出现后，人类社会发生了更大的变化，网络直接改变了人们的生活方式。借助网络，人们可以实现跨越时间、空间的交流，人们的距离被不断拉近。受此影响，传统的社区概念内涵又发生了较大变化，如虚拟社区概念的诞生。所谓虚拟社区，是指以现代信息技术为依托，在互联网上形成的，由相互间联系相对密切的人们所组成的虚拟生活共同体。[③] 这里所讲的虚拟社区是一个超越地域限制的概念，它从根本上区别于传统的实体社区，具有网络性、虚拟性以及超空间性等方面的特点，社区概念也

---

① 朱婧.“社区”解读[J].社科纵横，2005(05)：57-59.

② 刘淳熙.基于新医改的社区医疗建筑策划与设计研究[D].广州大学，2012.

③ 周敏.城市社区网站发展的现状及其策略研究[J].东南传播，2010(12)：42-45.

由此变得更加多样和复杂。随着时代的发展与进步,社区概念的内涵仍旧处在不断变化之中,我们并无意给社区概念下一个统一的定义,而是希望时刻从发展的角度去看待与理解社区在新的时代背景下的发展形态。

(三)社区的构成要素

构成社区的要素有很多,主要包括以下六大方面。

1. 地域要素

在社区概念中地域是一个重要因素,社区是一个地域性的社会,也就是说,社区是具有边界的,并不是一个无限延伸的空间。一个社区没有办法脱离一定的地域而存在,社区想要存在和发展就需要以一定的地域为依托,地域是社区发展的一个重要条件。地域要素提供了一个空间可供社区居民生产和生活,同时也为居民提供了自然资源和社会资源。从一定程度上,社区的地域面积大小对居民的生产和生活状况有着决定性影响。同时,地域要素也影响着社区的发展速度。其主要表现在两个方面:一是地理位置的影响。从全国的社区建设发展现状来看,一些发展较快的社区多集中于东部沿海地区,因为优越的地理位置可以促进社区的发展,为社区提供良好的发展环境和资源;二是地质、地形也对社区的发展有着重要的影响。比如,地质较差的地区,聚落的形成和建设不易,而平坦的地形和地势则有利交通的发展和经济的扩大。地域要素对社区发展的作用是由生产力水平决定的,同时也受到政治及经济等多种因素的制约。

2. 物质要素

社区是人们参与社会生活的基本场所和从事多种活动的重要舞台。人们的活动总是依赖于一定的物质设施进行,主要包括:社区成员进行生产经营活动的设施,如厂房、机器、能源、道路、生产资料等;社区成员进行日常生活的设施,如房屋、家具、交通工具、日用商品等；社区成员进行文化、教育、医疗卫生活动的基本设施，如学校、文化室、医院；社区成员参加管理活动、政治活动的基本设施，如会议室、办公室等。

3.人口要素

社区人口是具有稳定的社会交往关系的一定数量的人群。他们因长期共居一地而拥有相同的归属感，形成了多层次、成系统的内部交往关系。人群是社区的主体，是社区构成的第一要素。社区居民是社区经济生活、政治生活、精神文化生活的创造者，是社区生产资料、生活资料、文化设施和自然物质的创造者和使用者，是社区社会关系的承担者，因此人群是构成社区的基础。

在对人口要素进行分析和掌握时，还需要对社区人群的构成和形式进行了解与分析，如社区内不同类型人口的特点、数量的比例关系以及社会关系的组成。社区和社区建设的性质、任务在相当大的程度上由社区人口构成来决定。由于人口本身具有自然属性和社会属性两方面特征，因此社区人口构成也与此相对，可分为自然构成和社会构成两大类型。自然构成指的是人口的性别构成和年龄构成两个方面。其中，性别构成也称为性别比例，是指男女人口之间的数量比例关系。社会构成是指社区内人口的民族构成、信仰构成、文化构成、职业构成和阶层结构等。其中，职业构成是指社区内各职业人口的比例关系，标志着社区产业的构成状况、分工发达水平、经济发展水平和职业分化程度。一般来说，教育程度和科学文化水平，是衡量社区人口素质的重要标准。

4.心理要素

社区的心理要素构成主要指的是人们对自己所居社区的归属感和认同感。人们长期生活在同一社区内，会有一些共同的需求，进而产生一种对社区的认同心理，也就是会有“我是某一个地方的人”的这种观念。在社区关系中，随着人们相互交往的日益深入和频繁，人与人之间的联系越来越具有紧密性，人们在社区共同生活中逐步会形成一些共同的意识，如共同的荣辱观、价值观、伦理观、生活习俗等。由此来看，在对社区关系进行衡量时，认同感是一个很重要的标准。

5.组织要素

社区是一个有组织、有秩序的实体。社区中的公共事务、人与人之间的关系、民事纠纷等需要处理，所以社区的组织管理机构成为社区中不可缺少的要素。有社区，就有组织管理机构。就我国目前的社区现状而言，社区的组织管理机构有的属于党组织，有的属于政府组织，有的属于群众性自治组织。这些组织大都承担着基层社会的管理职能，它们在动员社区成员参加社区建设、根据社区成员的共同愿望和社区发展的需要支配社区公共资源和财产方面发挥着重要的作用。

6.文化要素

社区文化是指一定的区域范围内，在一定的社会历史条件下，社会成员在社区社会实践中共同创造的具有本社区特色的精神财富和物质形态。社区文化反映了社区的地域特点、人口特性以及居民长期共同的经济和社会生活的全部，包括社区内人们的信仰、价值观、行为规范、历史传统、风俗习惯、生活方式、地方语言和特定象征等内容。社区文化能使社区成员获得相似的行为或价值观念，从而产生强大的凝聚力，并使社区产生可持续发展的因素。

人类社会的发展，特别是现代城市的兴起，使得社区在结构上显得十分纷繁复杂，在类型上显得千姿百态，在地域上变得大小不一。所以，社区的要素在不同层次、不同类型社区的完整程度和发展水平参差不齐。但是，无论怎样，这些基本要素是社区所应该具有的。

二、社区的主要类型

（一）以主要功能为依据划分社区类型

社区是一个由各种成员活动组成的综合体，具有多种功能。根据社区的主要功能，可以将其划分为政治社区、经济社区、文化社区和军事社区等类型。①

1. 政治社区

政治社区主要是指从国家到省、市、县等各级的党政机关所在地，在不同规模的区域中，上述机关都是相应区域的政治中心。除此之外，还可以将党政机关成员的生活聚居区视为局部性的政治社区，这种社区不同于一般的居民小区，通常具有较为浓厚的政治色彩。

2. 经济社区

经济社区通常是指社区内绝大多数居民都从事生产经营活动，并在一定程度上表现出经济共同体形态的一类社区。一般情况下，属于同一类社区的社区成员会从事相似或一致的生产经营活动。如果以社区成员的生产经营活动作为依据进行社区划分，可以将经济社区细分为种植业社区（以种植业生产为主的社区）、工业社区（以工业生产为主的社区）、商业服务业社区（以从事商业服务业为主的社区）、林业社区（以林业生产为主的社区）、牧业社区（以牧业生产为主的社区）、渔业社区（以渔业生产为主的社区）等。

---

① 高巍巍.我国企业对社区社会责任的缺失及其治理[D].河北经贸大学，2011.

3. 文化社区

文化社区主要是指与文化事业密切相关的一种社区。在文化社区中,通常集中分布着教育、科研、文化艺术等企事业单位,如日本东京的筑波科学城和我国北京的中关村等。

4. 军事社区

军事社区主要是指以军事活动和军事设施等为主体的社区,军队成员及其家属是军事社区的主要居民。一些规模较大的军营、军事基地,以及一些小规模的军区退休干部疗养院、休养所等都属于典型的军事社区。

(二)以空间特征为依据划分社区类型

不同类型的社区会显示出不同的空间特征,因此我们可以根据不同社区所具有的鲜明空间特征进行社区类型的划分,同时也可以将社区划分成不同的社区表现形态。通常,可以将社区划分为自然社区、法定社区和虚拟社区。[①]

1. 自然社区

一般而言,自然社区是指由于人们长期聚居而自然形成的社区。在长期共同的生产和生活中,很容易形成一些非人为的、共生共存的社会地理空间。这种自然社区与自然环境有着密切的联系。大多数自然社区都是以河流、湖泊、土地、山林等自然资源为依托的,这也是自然社区居民生产和生活材料的主要来源。自然社区的主要特征在于:规模一般相对较小,以家庭为主要的生产和生活单位,居民的生活习惯与习俗等也较为接近。而且,由于宗族观念与民族传统的存在,自然社区具有较强的同质性,社

① 高巍巍.我国企业对社区社会责任的缺失及其治理[D].河北经贸大学,2011.

区居民也对社区具有强烈的归属感和认同感等。[①] 例如,农村中的自然村就是自然社区的突出表现形式。

2. 法定社区

法定社区也可以称作行政社区,这主要是政府根据行政管理的实际需要进行划定的。[②] 按照法律的要求,法定社区会被划分为不同的统治区域和社会群体组织,这实际上是国家对于基层社会的一种组织形式,也是政府管理力量的重要表现形式。法定社区通常有相对规范的行政管理机构,它是上级政府推动当地经济社会发展,落实社会管理政策的基层单位。需要注意的是,不少法定社区的划分是以自然地域为参照标准的,因此就出现了自然社区与法定社区重合的现象。[③]

3. 虚拟社区

随着网络信息技术的发展,网络平台为人们提供了新的交往空间,从而形成了虚拟社区。从本质上讲,虚拟社区不同于上述两种社区,它是一种以网络为媒介的非现实社区。虚拟社区的成员以网民为主,他们依托互联网在网络空间中进行实时的社会互动,有的甚至可以形成具有文化认同的共同体以及线下活动场所。当然,虚拟社区与现实社区也有相似之处,它具有传播、通信、聊天等多种社会性很强的功能,还可以开展像现实社会一样的社会互动。不可否认的是,虚拟社区所具有的非地域性、匿名性等特征,大大拓展了人类的活动空间。

(三)以发展水平为依据划分社区类型

在探讨和研究社区的过程中,对社区发展的研究是一项不可

---

① 文博华. 公租房社区社会资本培育研究——以S社区为例[D]. 华东理工大学,2017.

② 高巍巍. 我国企业对社区社会责任的缺失及其治理[D]. 河北经贸大学,2011.

③ 唐忠新. 什么是社区[J]. 中国妇运,2001(01):45-46.

忽视的重要内容。社区发展主要是指社区居民在政府机构的指导和支持下，依靠本社区的力量，改善社区经济、社会、文化状况，解决社区共同问题，提高居民生活水平和促进社会协调发展的过程。从社会学的角度来看，社区发展属于社会工作的范畴。[①] 从纵向历史发展的角度来看，社区发展的水平是有较大差异的。根据社区发展水平的高低，可以把社区分为传统社区、发展中社区和现代社区三种类型。

1.传统社区

传统社区是一种比较传统、落后的社区形式，是基于传统或落后的生产生活方式形成的社区，该社区类型具有显著的历史色彩。一般来说，这种传统社区都是边缘清晰、自给自足、自我发展、井然有序的"地域小社会"。由于传统社区主要存在于社区发展的早期阶段，所以无论是在发展水平上，还是在发展成熟度上，都不是很高。这种传统社区形态主要存在于工业革命时期的欧洲资本主义国家，但目前来看，这种传统社区形态，在许多发展中国家仍然广泛存在。

2.发展中社区

发展中社区是相较于传统社区更为高级的社区，是社区发展到一定程度的产物，因为其是基于传统社区发展而来的，这决定了其具有很多传统社区所不具有的优势。对处于从传统社区向现代社区过渡阶段的发展中社区而言，它既保留了传统社区的一些特点，又发展出了现代社区的一些特点。[②] 对处于社会转型期的中国社会而言，发展中社区是普遍存在的一种社区形态。在这样一个转型期，发展中社区往往也面临着转型的困境，如果处理不好，就很难在短时间内摆脱这种所谓的转型"阵痛期"；但如果

① 王玉.太原市城中村改造研究[D].山西财经大学，2013.

② 李磊.终身教育背景下社区教育模式选择[D].吉林农业大学，2005.

找到正确的发展方向，则能进一步加速从发展中社区向现代社区转型的进程。

3.现代社区

现代社区是在发展中社区的基础上实现了进一步发展的产物，是一种发展水平更高级的社区形式。在现代社区中，城乡之间的水平差距已经没有前两种类型的社区明显，呈现出一种一体化的融合状态。目前，现代社区主要存在于一些西方发达国家和地区。

在我国，社区建设的现代化转型仍然是一个十分现实的问题，虽然现代社区在我国一些经济发达地区也已经开始萌芽，但是实现从发展中社区向现代社区的转变仍将是一个艰辛的历程。

第二节　社区的结构和功能

一、社区的结构

社区的结构是指社区内各要素的内部及其相互间形成的相对稳定的关系或构成方式。社区是一个有机系统，它是由各个要素相互作用而形成的，是一个整体。在社区结构要素构成中，经济要素、政治要素和文化要素是其重要的组成部分。社区结构既包括各个要素间的相互关系，也包括各要素的内部关系，是内部和外部的统一整体。在此，从以下几个方面来分析：

第一，经济结构。经济结构由生产力结构和生产关系结构两个方面构成。在社区结构中，经济结构起着主导作用，它对社区其他方面的发展形成制约，如社区的产业结构、产品结构、所有制结构、企业结构、技术结构、交换结构、消费结构、分配结构、自然资源以及人文资源等方面都是社区经济结构的主要构成。

第二，政治结构。政治结构指的是在政治活动中社区居民形成的政治关系，政治结构可以反映出居民利益和地位的变化。社区的政治结构总是要与社区的经济结构相适应，两者具有一致性。社区的政治结构主要内容包括阶层结构，各个政治组织、政党相互间的关系，社区的政治制度结构和社区的权力结构等方面。

第三，文化结构。社区的文化结构具有多层次性和多样性。社区的文化主要包括各种伦理道德、价值观、信仰等社会意识形态，以及社区内的语言、个体意识和群体意识、各种文化载体或设施等。

第四，人口结构。人口结构是指人口的自然构成和社会构成两个方面，主要内容包括人口的年龄结构、性别结构、民族和信仰构成、知识结构、群体结构和组织结构等。

二、社区的基本功能

（一）社会参与功能

人是社会性动物，社会是人类交互作用产生的结果，人不能脱离社会而独立存在，人们在相互交往的过程中必然会在一定程度上参与社会活动。随着社会现代化的程度越来越高，人们的组织程度相对而言也会变得越来越高，其社会参与意识也随之增强。居民在社区中生活、相互交往，社区是居民参与社会事务，进行社会活动的地方。居民通过进行社区事务参与，从而与社会事务相连，这也就是社区的社会参与功能表现。需要说明的是，由于各个社区的交往结构是不一样的，因此在为社区居民提供机会时也是不一样的。

（二）经济生活功能

在社区的各项功能中，经济生活功能可以说是最重要的，社区的经济生活功能与经济要素活动相对应。具体来看，社区的经济生活功能有生产、分配、交换、消费等方面，通过生产或者购买，为社区居民提供衣、食、住、行等基本的生活必需品和相应服务。社区的经济生活功能由社区内的各个经济组织来承担，如在农村社区中的农场、家庭生产经营单位以及各项生产、生活服务设施等；城市社区中的工厂、商店、公司等生产、服务性经济组织等。社区中的这些经济组织通过生产经营活动，使经济功能得到充分发挥，使社区能够正常运行和发展。

（三）社会化功能

社会化是社会学上的一个基本概念。人是社会群体的一员，无法离开社会而独立存在，在适应环境时是无法一蹴而就的，需要有一个渐进的过程。这个过程也就是人的社会化。社会化是指个体通过学习，逐渐掌握群体文化，学会承担自己的社会角色，使自己融入群体中的一个过程。社会化需要社会的整合作用，使社会成员形成凝聚力和向心力，相互关心，相互爱护，为一个有意义的目标而共同奋斗。为了促进社会化目的的实现，社会对成员需要采用一些措施。从实际中来看，一个人的社会化是在一个具体的社区中进行的，通过社区中的社会化来进一步接触更高层次的社会文化。

社区能够通过自身社会化功能的充分发挥，使各个组织活动得到协调发展，从而能引导社区形成一个有机的整体。在这个基础上，可以使社会的功能得到最大程度的发挥。比如，在对青少年进行社会整合教育时，要想把学校、家庭、社区三者相结合，只有通过社区来进行具体的活动，才能进行相关的安排和落实。如果没有社区参与进来，社区成员的社会化就没有办法实现。

第三节　社区建设的重要意义

一、有助于促进社会管理的科学化

社区是社会的细胞，是建设社会主义和谐社会的基础，是政府进行社会管理和提供公共服务的重要载体。

随着我国社会改革的不断深入和发展，社会经济、政治以及其他社会领域都发生了巨大变化。特别是市场经济的确立和发展，推动了政府和企事业单位的分离，使企业成为自主经营的经济实体，使事业单位成为自主发展的事业机构，将政府和企事业单位承担的社会功能从自身中剥离出来交给社会。市场化经济改革还促进了劳动、工资、住房、医疗、福利、养老等一系列制度的改革，这一改革的深刻影响和直接结果在于传统“单位制”的解体和“非单位型”社会的出现，改变了原有的把“单位”作为社会基本组成单元和国家通过单位管理社会的传统管理机制。

同时，随着经济的迅速发展和现代化进程的加快，我国城市经历了一个起点低、速度快的发展历程。根据《国家新型城镇化规划（2014—2020 年）》的内容：1978—2013 年，城镇常住人口从 1.7 亿人增加到 7.3 亿人，城镇化率从 17.9%提升到 53.7%，年均提高 1.02 个百分点；城市数量从 193 个增加到 658 个，建制镇数量从 2173 个增加到 20113 个。[①] 2016 年城镇化率达 57.35%，拥有约 7.9 亿城镇人口。[②] 城镇化的快速发展取得了举世瞩目的成就，同时也出现了一些明显的问题。例如，城市管理服务水平

---

① 国务院.国家新型城镇化规划（2014—2020 年）[EB/OL]. http://www.gov.cn/gongbao/content/2014/content_2644805.htm.

② 国家统计局.2016 年中国城镇化率达 57.35%[EB/OL]. http://finance.eastmoney.com/news/1365,20170120705198115.html.

不高，“城市病”日益突出，一些城市空间无序开发、人口过度集聚，重经济发展、轻环境保护，重城市建设、轻管理服务，城市污水和垃圾处理能力不足，大气、水、土壤等环境污染加剧，公共服务供给能力不足，城中村和城乡接合部等外来人口集聚区人居环境较差等。

随着基层社会结构的发展变化，城乡社区逐渐成了社会生活的支撑点、社会成员的聚集点、各种矛盾的交会点，构建以城乡社区为重点的基层社会管理服务体系越来越成为当务之急。社区直接面向广大群众，城乡社区管理在构建中国特色社会主义社会管理体系中具有基础性作用。

上述问题的解决，要以各级政府为主导，但是社区作为基层的社会组织也必须发挥其重要作用。

第一，要强化社区自治和服务功能，健全社区党组织领导的基层群众自治制度，推进社区居民依法民主管理社区公共事务和公益事业。

第二，促进公共服务向社区延伸，整合人口、劳动就业、社保、民政、卫生计生、文化以及综治、维稳、信访等管理职能和服务资源，加快社区信息化建设，构建社区综合服务管理平台。

第三，发挥业主委员会、物业管理机构、驻区单位积极作用，引导各类社会组织、志愿者参与社区服务和管理。

第四，加强社区社会工作专业人才和志愿者队伍建设，推进社区工作者专业化和职业化。

第五，要以高质量的社区服务消除城镇化进程中出现的矛盾和问题对社区的负面影响，促进社会管理走向科学化。

二、有助于巩固党的执政基础

社区是党在基层执政的基础。随着经济社会的发展和社会管理体制改革的不断深化，社区面临的新情况新问题越来越多。近几年，随着多种所有制形式的建立，个体、私营等非公有制经济迅速增长，在社区里出现了大量的新经济组织。随着“单位人”向“社会人”转变，人们的文化、娱乐、健身、交际等需求日益增强，在社区出现了大量新社会组织。这些新经济、新社会组织（简称“两新组织”）虽然大部分规模不大，但数量大，总体人数众多，拥有可观的经济资源、社会资源，却基本上游离于传统体制之外，不少未建立党组织。如果党的工作适应不了新形势、新变化，不能很好地领导这些新经济、新社会组织，党的执政基础就有受到侵蚀的可能，就有丧失群众、丧失阵地的危险。在社区建设中加强党的建设，加强“两新组织”党的建设，是密切党和新经济、新社会组织广大职工群众的联系，巩固党在新形势下的阶级基础、群众基础的需要，也是当前社区党建的重要内容。要按照党中央的部署，加大在两新组织中党建工作的力度，进一步扩大党的工作的覆盖面，增强党组织的影响力和凝聚力。

三、有助于保障人民安居乐业

由于个人对住宅所有权的实现以及社会保障的实现逐步向社区转移，社区越来越成为居民的利益共同体。随着人民群众生活水平的不断提高和住房、医疗、养老、就业等各项制度改革的深入，城市居民与所在社区的关系愈来愈密切。他们不仅关注社区的发展，参与社区的活动，而且对社区的服务和管理、居住环境、文化娱乐、医疗卫生等方面提出多层次、多样化的要求。推动社区建设、拓展社区服务、提高生活质量，已成为广大居民的迫切要求。

人们实现安居乐业，需要从以下五个方面入手：一是要求社区治安良好，通过社区建设，建立社区安全防范体系，完善群防群治网络，实现良好的社会治安和社区秩序；二是要完善社区服务，通过社区建设，建立各种社区服务设施、政府的各项公共服务项目、社区卫生服务，为社区居民高度个性化的需要提供满意的服务；三是要营造良好的社区环境，通过社区建设，推动社区绿化和社区环境整治，实现了社区环保和垃圾分类，社区环境优美，为人们创造良好的生活环境；四是通过社区建设，使群众性精神文明创建活动普遍开展，倡导和推行居民具有较强的公德意识，形成健康、科学文明的生活方式，健全民主协商机制、社会矛盾纠纷调处机制、共建机制，从而使各种家庭、不同人群和谐相处，邻里团结和睦，社区文化活动活跃，为居民安居乐业创造了良好的人文环境；五是实现居民自治，居民群众在基层经济、政治、文化和其他事务中的意见能够得到及时、有效的反映，能够自主决定社区各项事务，实现当家做主。

总体来看，社区建设是不断深入改革开放和社会现代化过程中一项勃兴的事业。我们要站立一个全新的高度，对社区建设的意义有一个充分的了解，努力开创社区建设的新局面。

第二章　社区建设的理论指导与经验借鉴

社区建设是有着自身发展规律的社会活动，但也会受到社会活动规则和社会发展程度的限制。因此，只有在正确理论指导下，充分学习和借鉴国内外成熟社区建设经验，才能寻找出适合自身的发展路径。

第一节　社区建设的理论指导

一、社区建设的指导思想

社区工作是一项充满朝气、具有广阔前景的事业，也是一项专业性很强的工作，因此必须要遵循正确的指导思想。我们要以邓小平理论、“三个代表”重要思想、科学发展观和习近平新时代中国特色社会主义思想为指导，只有这样，才能保证社区工作的科学性，使社区建设顺利进行。

（一）邓小平理论

邓小平理论是马克思主义基本原则与当代中国实际和时代特征相结合的产物，是毛泽东思想的继承和发展，是中国共产党和中国人民最珍贵的精神财富。邓小平理论对马克思主义、毛泽东思想进行继承和发展，展现新的思路和观点，针对当时的中国现状比较系统地对中国这样一个经济、文化比较落后的国家如何建设社会主义，如何巩固和发展社会主义等一系列基本问题进行了回答。邓小平理论是建设中国特色社会主义的指导思想，也是我国社区建设的指导思想。

（二）“三个代表”重要思想

江泽民同志阐述的“三个代表”重要思想，就是我们党要始终代表中国先进生产力的发展要求，始终代表中国先进文化的前进方向，始终代表中国最广大人民的根本利益。这是促进党的建设发展、推进我国社会主义自我完善和发展道路永续发展的强大理论支持，是党必须坚持的指导思想和各项工作的指导方针，也是全面推进社区建设的行动指南。

（三）科学发展观

科学发展观的基本要求是全面、协调、可持续发展。全面发展，就是要以经济建设为中心，全面推进经济、政治、文化、社会和生态文明建设，实现经济发展和社会全面进步协调发展，就是要统筹城乡发展、区域发展、经济社会发展、人与自然和谐发展、国内发展和对外开放，推进生产力和生产关系、经济基础和上层建筑协调，推进社会各个环节、各个方面互相协调。可持续发展，就是要促进人与自然的和谐，实现经济发展和资源人口、环境相协调，坚持走生产发展、生活富裕、生态良好的文明发展道路，保证代际可持续发展。在社区建设和管理中，必须认真、深入地贯彻和落实科学发展观。

二、社区建设的基本原则

社区建设涉及方方面面，遵循社区建设的基本原则，是社区建设能够成功的根本保证。

（一）以人为本、服务人民

以人为本、服务居民、关注民生是社区建设的出发点和归宿。

其核心是以社区居民为主体,满足居民的期望与向往,提高居民的生活质量。总体来看,要做到以下几个方面:

1. 关心人

关心社区所有居民日益增长的美好生活需求,关心他们的物质生活及精神文化生活,深入居民了解社情民意,关心他们的社会地位和生活水平,关心他们的健康和娱乐。

总之,要关心居民的所想,关心他们的需要,关心他们的发展,特别是对于社区的老人、残疾人、下岗失业人员等弱势群体,更要关心和体贴。动员全社区的人们团结互助,扶贫济困,让所有的居民都感到社区的温暖,体验到改革发展的物质成果,体会到社会主义、人道主义的关爱。

2. 尊重人

尊重人的尊严和价值,以平等的态度待人。每一个人都有自己的尊严,个人的尊严与个人对社会的贡献、作用以及所履行的职责联系在一起。因此,人对自身尊严的理解是认识自身价值和责任的一种方式,在要求别人尊重自己的尊严的同时也要尊重别人的尊严。凡是在社区工作和居住的公民,不论社会地位的高低、经济状况如何,只要遵纪守法、积极关心和参加社区建设,都应该一视同仁,都应该得到尊重,要用相同的价值尺度来评价他们。对人的尊重反映社会公平正义的水平和社区文明程度。

3. 服务人

社区服务既是社区建设的重要内容,是城市基层管理的组成部分,也是福利性、公益性社会服务的一个缩影,是一项“民心工程”。社区工作应根据社区居民的各种需求,认真研究落实办法,不断充实服务内容,改善服务态度,提高服务质量;应通过低偿或无偿的社区服务,方便群众生活,满足群众要求。社区的一切工作都应以满足社区人对美好生活的追求作为奋斗目标，以服务社区群众、关注民生为宗旨。

4.教育人

社区工作要通过社区的法制教育、道德教育、技能培训及各种文化活动等，把法纪约束、道德规范融入居民行为之中，把现代科技知识融入日常的普及教育之中，提高居民的现代技能、科学文化知识和道德修养。归根结底，要通过社区教育满足社区居民的求知欲望，提高他们的综合素质和文明程度。

5.凝聚人

社区建设要通过社区服务、社区教育、社区保障以及以各种文化活动为载体，真正相信和依靠社区居民，为他们服务，帮助他们解决困难，使他们安居乐业。社区工作者应真正认识到社区建设的目的是为了人民群众，依靠力量也是人民群众，人民群众是社区发展的生命线和内在源泉。应该紧紧抓住群众最关心、最需要解决的实际问题，多做得人心、暖人心、稳人心的工作，这样才能凝聚人心，增强人们对社区的认同感和归宿感，使社区成为全体居民公认的利益一致、感情合一、同舟共济的和谐共同体。

6.主人翁意识

居民是社区的主人，作为主人，社区居民不仅有权力享受服务，接受尊重，而且要有主人翁意识，要以主人翁的姿态参与社区管理，积极支持社区组织的工作，自觉参加社区的建设，在社区发展进程中发光发热。因此，社区居民主人翁意识的培养与发展，是“以人民为中心”的继续发展与最终落脚点，是社区建设永续发展的重要力量。

总之，社区建设要以人为中心，坚持不断满足社会居民的需求与期望，提高社区居民的生活质量和文明程度。

（二）共筑共建，资源共享

1.对社区的物质资源设施配置进行优化调整

各个社区会拥有自己的资源设施配置，如社区内企事业单位的会场、学校的操场、医院、礼堂、俱乐部、教室、广场以及其他各类共建配套设施。应该充分调动社区内机关、团体、部队、企事业单位参与社区建设的积极性，充分利用各单位原有的人力、物力、财力等资源。根据互利互惠的原则，合理配置社区资源，最大限度地挖掘和有效利用各个单位的资源，发挥各自的优势，达到互相补充、资源共享。各单位向社区开放的文化体育设施、社区服务设施等应面向社区全体居民，让大家在社区范围内共同享用物质设施资源。

对社区现有的设施资源要充分利用、合理调配，或者运用现代科学技术改造原有的设施；同时，还应根据社区经济增长的速度和经济实力，根据人们的需要和社会发展的状况，有计划地进行资金投入，建设各类配套设施。对所有的设施资源要认真建设和管理，处理好服务和创收、有偿服务和无偿服务的关系，充分发挥各种物质基础设施在社区发展中的作用。

2.要充分发挥社区组织资源的作用

社区的组织资源是推动社区发展的重要力量，主要包括政治组织、群众自治组织、社区的各种社会团体。社区的发展要求必须把拥有不同资源的社会组织团结起来，把物质、人才、信息、文化等优势聚集起来，互相协作，形成合力，从而推动社区发展。

政治组织主要指社区的党组织、团组织，这是中国特色的组织资源。社区党组织是社区组织的领导核心，共青团组织是党组织工作的重要辅佐与后备力量。社区党组织在街道党组织的领导指挥下开展工作，全面贯彻和宣传党的路线、方针、政策，组织党员带领广大群众积极参加社区建设，出色地完成各项工作。

共青团组织要在党组织的领导下,积极发动和领导青年发挥突击队的作用,既要做好党组织的有力助手,又要发挥青年团的特点,在各项活动中提高综合素质,树立科学的人生观、价值观和道德观。

3.对社区的人力资源进行合理调配

社区的人力资源是社区的主体资源,人力资源的构成及人员状况是社区建设的重要条件。积极挖掘和合理调配人力资源,推动社区发展,是社区建设面临的重要任务。社区人力资源在这里主要指政治型、专业型和“特色群体”型,他们都是社区建设的骨干力量。

政治型人力资源主要包括党员、干部、团员、先进工作者等。他们大多数人在社会主义实践中受到党的教育和培养,具有坚定的社会主义信念,有较强的历史责任感和较强的组织观念。社区的管理部门应该充分调动他们的政治热情和奉献精神,发挥他们的骨干作用和榜样力量,在社区建设中为居民树立一个示范群体,起到榜样的作用。

专业型人力资源是指具有一技之长的专业人才,在社会上具有一定影响的艺术人才、文学人才、医生、教师及社会活动家等。由于他们在某一方面的专长或权威性,他们在社区居民中享有很高的威望,具有特殊的号召力和凝聚力。因此,社区必须为他们施展才华创造条件,通过他们的言传身教和人格魅力,吸引群众和带动群众积极参加社区建设。

“特色群体”是“人以群分”的具体表现。由于人们的职业、年龄、文化程度、健康状况、个人兴趣、社会地位以及个人经历等方面有相似之处,从而产生共同语言和共同的情感,形成社区内各具特色的群体。例如,老年人、知识分子、老干部、文体爱好者等,他们以一种体现其独有的人生价值观的形式开展活动,有比较鲜明的倾向性。社区管理者应该在承认其“个性”特色的同时,有意识地引导他们以相互需要为现实基础,以共同的社会利益为价值取向，使社区的人们依据自己的“个性”找到同类，产生归属感，从而使社区的凝聚力大大增强。

（三）责权统一，管理有序

在社区建设过程中，如何把责任和权力进行统一也是一个需要重点攻克的问题。随着政府和企业的改革，许多业务职能转移，社区的责任加重，社区组织及其工作者需要承担的对所负责社区居民的组织管理、教育、服务协调等责任也随之逐渐加重。他们在承担责任的同时必定被赋予权利。权利与责任义务不可分割，一旦分离，不仅会导致社区管理者降低积极性，还会阻碍社区建设的发展进程。

因此，应该在明确街道办事处与社区之间有关指导、协调、服务的关系基础上，进一步明晰社区组织的权利，做到“在职工作，行使权力”。

1.社区依法自治权

社区依法自治权主要包括以下几个方面：

第一，社区对内部事务有决策权，社区可以自主管理自己的事务。

第二，社区财务自主权，应该把社区有偿服务经营的收入以及市、区、街三级财政拨付的办公费用，由社区自己管理和支配。

第三，社区工作者选免权，社区干部的任免应该由社区成员代表大会依法选举决定。

第四，日常工作管理权，社区委员会在街道办事处的指导下，采取民主自治的办法负责管理社区公共事务。

第五，对不合理的摊派事项有拒绝权。对于明显不属于社区职责范围的事情以及向社区摊派的各种负担，社区组织有权拒绝。

2.社区依法协管权

社区组织有协助公安部门、劳动部门对流动人口进行管理和维护社区治安的权力；有协助工商、税务、物价部门对社区内从事社会服务的行业的经营行为进行管理以及协税、护税的权力；有协助政府做好社区社会保障、计划生育、出租房屋、违章建筑的管理和治理的权力。

3.社区监督权

社区组织对政府有关部门和派出机构的工作以及社区内经营单位的行为有进行监督的权力，包括水、电、煤气、管道、电信、有线电视等；有权向有关部门举报，反映相关问题，并有权要求相关部门对举报和反映的问题做出答复，以及继续监督对问题处理结果和改进的权力。

权力和责任是紧密相联的，社区管理人员在行使权力时必须履行自己的职责，在履行责任时必须享有权力，“权随责走”。只有责权统一，才能调动社区组织和社区工作者的积极性，不断改进社区的管理和服务，使社区工作更贴近实际，使各项管理工作更加有序和更加科学化。

（四）扩大民主，完善居民自治

扩大社区民主，完善居民自治是新型社区建设的重要内容，是社会文明发展的必然趋势。

1.树立自治观念，强化自治意识

树立居民自治，强化居民自治意识，需要社区组织必须坚持自我管理、自我教育、自我服务、自我监督的“四自”方针，明确社区居民自治是确立宪法的一项重要政治制度，是城市基层社会主义民主政治的伟大创造。从依赖政府转向自主决策，实现了由政府全权行政管理到自己决定社区事务的转变，从配角变为主体。社区居民必须认清自己是社区主人的身份以及明确自己的权利和义务，主动参与和社区居民息息相关的社会事务，培养和发展居民的民主与自治意识，形成居民对社区关心、热爱、积极主动参与事务管理的局面。实现由政府动员居民参与社区建设到居民从意识上转变，主动参与社会建设的转变。

2. 明确自治权利，履行自治职责

居民委员会是居民自我管理、自我教育、自我服务的群众性基层自治组织。社会建设实践过程中针对自治权利问题做出的有益探索，主要集中于民主选举、社区事务决策、居民活动组织、财务自主、日常事务管理、社区监督等方面。居民委员会有管理职能、教育职能、服务职能、监督职能。社区组织要依法开展社区自治，不仅要对国家法律法规以及各项政策进行深入贯彻落实，还要协助政府做好责任范围内的工作，并在此基础上实现“四自”方针，促进强化社区自治功能。

3. 制定自治措施，健全自治机制

建立自治制度是使社区自治功能不断强化的必要手段。要使社区自治逐渐规范化和制度化，形成长久永续的自治运行制度，目前来看，需要依法保障居民当家做主的权利，尤其是选举权、知情权等基本权利。自治制度主要包括以下七个方面：一是社区居民民主选举制度；二是社区居民决策制度。因为居民的主人翁地位，社区事务的决策需要广泛征求居民意见，需要居民的直接参与和管理；三是听政议政制度。事关社区与社区切身利益发展的大事，需要充分采集居民的意见，社区居民的意见由社区居民代表全权代表，来参与社区事务的决策与监督；四是社区事务公开透明。社区居民委员会需要通过各种形式向社区居民公开本社区事务，让居民知道并了解社区事务；五是居民民主评议制度。每年召开民主评议会，评议社区工作与工作者提出改进的措施；六是民主协调。居民委员会负责对社区中产生的矛盾进行协调，视情况由不同的协调组织负责；七是社区管理与服务承诺制度。社区居民委员会成员要在任期内做出承诺，向本社区居民保证，对社区管理与服务做出具体的计划和目标，督促自身工作并且加强居民监督。

在社区建设的实践中，不同社区根据自身特点，制定适合自己的具体的自治制度。在制度保障之下可以逐渐形成规范化、社会化的自治运行机制，完成相匹配的自治制度和自治体制的创新，从而扩大和巩固基层民主。

（五）因地制宜，循序渐进

由于我国各个地方经济发展水平有很大差异，社区的建设和发展也不平衡。因此，需要实事求是，科学规划，促进社区建设。

1.规划优先，科学规划

社区建设千头万绪，是一项十分复杂的系统工程。要保证社区建设有计划、有步骤地开展并取得成功，必须从当地经济和社会发展的实际情况出发，指出社区建设的规划、设想以及实施方法。

社区建设规划不仅是社区建设的重中之重，还是社区建设的开篇，不可回避，也无法逾越。规划要尊重自然规律、经济规律和社会发展规律，要讲究实施方案的可行性。制定规划，要深入调查研究，广泛吸取各方面的意见，反复论证，保证规划的科学性和可行性。

2.因地制宜，分类指导

各地经济发展不平衡，各地财力有差异，自然条件、生活习俗也有差异。社区建设的定位、规模基础设施建设等，必须因地制宜。

基于每个社区的人口特点、地域方位、文化传统、生活习俗、经济水平、历史沿革等不同，在社区建设和发展中应该采取适合本地的社会、经济、文化特点，具有本地风格特色的方式而开展。各个社区要善于发现和挖掘自身的优势，扬长避短，形成特色，制定适宜的发展途径和措施。要不断总结积累适合自身特点的工作方法和实践经验，因地制宜地确定城市社区建设的规划，不可搞千篇一律、一刀切，或者互相攀比，超越自身条件导致形式主义。

三、社区建设的工作方法

（一）社区建设研究方法

1.社区建设研究的内涵

社区建设研究就是利用研究的相关方法，从一定的社区需要的角度出发，对某一具体社区的建设进行实地考察；通过对考察资料的适当分析，从社区整体建设上对社区的建设进行研究。它标志着社区的建设已走向规范化、科学化的发展道路。人们对社区所掌握的第一手材料，运用综合、分类、比较和分析的方法，目的在于深入地认识某一具体的社区现象、人类的居住方式等。社区建设的研究是进一步沟通社会现实和社会理论的重要桥梁，对于今天我国进行的社区建设具有强大的理论和科学指导的功能。

2.社区建设研究理论

（1）区位学研究理论。区位学的社区研究理论认为，社区是一种社会活动的空间单位，社区居民及其活动就分布在这样的空间单位中，各种单位空间位置的确定，将取决于该单位与其他单位的关系。一个社区居民及活动的区位分布的形成是一个比较复杂的过程，它是由社区成员的特质、社区外在的物质环境、社区的群体文化、社区内部的人际关系相互之间的作用等，形成的特定社区的区位结构和群体的生活方式社区建设的区位学研究方法，是主张通过区位结构的调整，使得社区成员之间更容易加强相互之间的联系，消除隔阂心理，从而形成一个共生的关系。

（2）功能主义研究理论。功能主义的研究理论认为，社区由各种相关联系、彼此依赖的部分组成，对社区进行分析就是要寻求社区各部分之间、部分与整体之间的作用和关系。功能主义研究方法强调整体性的原则，将社区生活看成一个整体，社区的各种制度、规范、习俗是相互配合，综合地发挥作用的，并由此来维持社区正常的生活。研究社区建设中的某一具体现象，就应该从更加广泛的联系中来研究它的功能性所起的作用。由于社区内部的各部分是紧密地联系在一起，并发生着功能性的作用，因此其中一个部分发生变化，将会影响到其他部分，引起整体的变化。

功能主义的研究方法，相对而言更加注重对社区进行全面的了解，在社区的文化建设上，注重整体文化的研究。这种研究方法，比较常用的是在社区中进行较长时期的“参与式”调查和研究方法。运用参与式的调查方法，是调查者作为调查中的客体，以被调查者对象作为主体，依据主体对事物的看法或需要，来分析和总结出调查的结果。这种研究方法可以更加客观地反映出被调查者的真实情况，较好地获取调查的资料，也能够达到调查者的最终目的。

(3)社区互动研究理论。社区互动的研究理论认为，社区是在一个特定的地域上的系列社会互动的过程。即是人与人、人与群体、群体与群体之间，由于相互接触和交往，而发生一定的相互作用的方式和过程。社会互动是社会关系的动态表现形式，社会正是由于有了人类之间的相互关系、互动和交往等形式，才构成了丰富的社会生活。社区互动的研究方法是根据我们研究的不同需要，将社区作为以某一地方为中心的互动体系、地域单位和互动的场域。社会互动的理论主要有以下六种：

①沟通。即群体之间以象征性符号所进行的交往形式，人类的感情和思想必须通过象征性符号，如手势、面部表情、非语言声音、文字等，才能进行彼此之间的交流和沟通，否则社会将会变得没有任何意义。

②合作。人们为了达到一定的目的，彼此之间要进行配合和协作。

③竞争。人们对有限的资源、事物和目标总是会进行相互的

争夺与竞争。

④冲突。人们之间的接触会产生一定的矛盾、对立、冲突等相互的作用。

⑤调适。人们为了适应外部环境或协调与他人的关系,以达到共同生活的目的,通过主动地调整自己的言行,以容忍、和解、妥协、屈从等方式来缓解彼此的紧张关系。

⑥同化。即个人或团体经过较长时期的成为类似或类似过程结束时所拥有的状态,目的在于适应和顺从社会发展的需要。

(4)比较社会学研究理论。比较社会学的研究理论认为,社区是一个有特色的社会生活共同体。这一理论是建立在对社会的正确认识或对某一社会现象有较深入的了解的前提下,所采取的理论研究方法。这就要求我们对社区的不同地域、不同单位、不同社区群体进行实际材料的收集、验证、总结和分析。这一理论主要是对各类社区的结构、制度、生活方式进行必要的比较和对比,从而了解更多的社区以及社区之间的相同性和差异性。通过比较研究的理论方法,能够使人们确定和制定社区建设的规划、建设的方向以及确定建设的目标。

(二)社会建设工作的操作方法

1.社区调查法

社区调查的方法是指运用一定的方式去了解、观察社区生活,收集社区相关资料,实现对社区研究的目的。社区调查法有以下五种:

(1)观察法。观察者通过自己的感官直接接触社区生活,收集社区感性资料,通过调查者的整理、分析和思考,探索社区生活规律,对社区现象的发生、发展及其趋势进行研究的一种方法。

根据观察者与被观察者的不同关系,可运用参与式与非参与式的调查形式。参与式的调查方法是观察者深入被观察者的生活,扮演社区普通成员的角色,同社区其他成员共同生活,参与他们的活动，让社区成员认为观察者只是与自己一样，是同一个社区的成员经过一个较长时期的观察，对社区真实生活进行深入体验和细微感触，了解社区整体状况。参与式观察能够让观察者深入社区的真实环境，却并不直接影响社区居民的生活，以第三者的视角来观察社区生活。

非参与式观察是指观察者以局外人的身份从侧面对观察者进行观察。这种研究方法可以避免因参与了社区居民的生活，而在主观上受到影响，但这种方法与参与式方法比较看，不能够较全面地了解社区的生活状态。

(2)问卷法。问卷法是在对社区的生活或情况有一定了解的基础上，以表格、问卷的形式，提出问题，让较多的被调查者填表回答，从而获取大量的资料的方法。问卷法有问答式和填表式两种方法。问答式是将问题详细地列出，让调查对象逐一回答。这种方法可以较详细地进行调查，但会给被调查者一定的压力和负担，同时对调查者的文化水平有一定的要求。另外，这种方法所收集的资料不一定准确，给资料的整理和分析带来困难。而填表式的方法就是将要调查的问题列在表格上并设计出答案，供被调查者选择。这种方法的调查比较简单，可节省资料收集的时间，进行大范围的调查。由于资料已标准化，在整理和分析资料时较方便，可以进行编码，整理资料清单，利于数据的储存。但这种方法也具有缺点，就是问卷所列出的问题不一定深入，对于被调查者来说没有选择的余地。

(3)档案文献法。档案文献法是以调查主题为中心，大量地收集档案文献，如村史、厂史、校史、家谱、族谱等相关的资料、文献和记载，以及有用的统计数据等，以了解摄取发展的情况。这种方法比较迅速地收集到系统、全面的材料，但这种材料一般并不是为了研究社区的特殊目的而整理或制作的材料。因此，应根据社区研究的需要来对所收集的资料进行选择、整理、分析，并注意对资料的甄别工作。

(4)个案法。个案法在社区研究中的应用是把一个人或社会单位作为研究基本单位，全面、详细地考虑各方面情况，从而生动、具体地了解和认识社区。我们对社区个案的研究资料可以通过多种形式获得，如人员的交谈、资料、文献、文稿、表格、日记、书信、录音、录像等。调查的对象也可是大范围的、相关的进行调查。个案研究的方法，目的是为了从生动的、具体的个案分析中发现同类事物的一般规律，达到对该事物的深刻认识。个案法的缺点是不具有代表性，需要我们结合其他调查方法来得出调查结论。

(5)座谈法。在社区研究中，座谈法是我们经常采用的一种方法。它是由调查者亲临会议或委托当地负责人代为召集会议等方式，以座谈的形式来收集资料的方法。在座谈前，调查者应事先通知与会者，以寻求被调查者的配合；座谈时，调查者应明确调查的目的、意义和要求，按调查的事项进行提问，或以讨论的方式进行调查，使调查者深入了解调查对象，掌握调查内容。

在进行调查时，通常会多种方法综合运用，充分利用各种方法的优点。在实施调查的过程中，应充分注意调查对象的特点、环境、目的、要求以及考虑微观、宏观的研究相结合，定性和定量的研究相结合的原则，目的在于更好、更快、更真切地反映社区的具体面貌。

2. 社区规划

(1)社区规划的概念。社区规划以社区为基本单位，对社区进行规划或设计。社区规划的制定要求根据社会发展的总体目标和计划，从社区实际情况出发，通过对社区及其相关系统的分析技术，决定最佳的建设方案，达到预期的社区建设目的，并引导社区的健康发展。

社区规划的内容是多层次、多方面的，主要有以下四个方面：一是社区现状分析。即考虑社区现有的自然环境、资源、居民的生活方式和生产方式等；二是社区发展目标。社区规划要考虑未来社区发展的需要，以及社区建设所要达到的结果，如向节约型、综合型、功能型社区建设方向努力等；三是社区发展要素。社区建设是诸多元素、理念和社区成员共同的社区文化等动态发展的综合体；四是社区发展条件。社区建设都具有什么样的发展条件，需要什么条件，如物资或精神方面所构成的建设条件、社区意识的形成等条件。

社区规划的目标是为了维系社区赖以生存和发展的物资体系、精神文化体系以及社区内部与外部各个方面的相互关系。社区的建设规划应以系统性、先进性、动态性、操作性和规范性为原则。采取科学的态度，正确而客观地分析社区在建设和发展过程中出现的矛盾与纠葛，以人为本，全面进行研究和探索，为社区居住成员建设优美、舒适、亲密、和谐的环境提供对策。

(2)社区建设规划分层。社区建设的规划可以从两个层面来考虑，在这两个层面上，既有一定的内在联系，又有相互促进的作用。

第一个层次是全社区总体规划。即将整个社区的地理条件、自然与社会资源、居民心理与情感等因素综合起来进行建设和发展规划。

第二个层次是各部门规划。即社区各组织、团体按照社区的总体规划，分工制订出各自专项建设和发展的计划。

(3)社区规划与居住环境。以往在进行社区建设过程中不太注意社区建设的系统性和规划性的发展，致使社区建设呈现出杂乱、破旧、难看、不讲人性化的简单层次的社区。我国社会经济发展的同时，对社区居住环境的追求和生活品位的要求也在不断提高。人们逐渐认识到，人类社会居住应与自然环境之间具有相互协调的关系。社区建设就是要解决社区居民、建筑和环境三者之间的和谐关系。

第一，社区居民与社区资源的和谐。这主要表现在两个方面：一是居民对社区资源的影响力与作用力。人类是自然环境长期发展过程中的产物，人类的生存和发展又必须要依赖于自然界的资源与空间，既享受生态系统提供的全方位的服务，又要不断地向自然环境索取、开发、排放废气废物；二是社区的资源对社区居民的生活和生产的影响力和反作用力又非常明显。不同社区的资源各不相同，资源环境的多寡，决定着对居民生活和生存发展的作用是促进还是制约。资源丰富会促进社区居民优越发展，而资源贫乏则会制约社区居民的发展。同时，自然灾害的发生频率和强度、自然环境污染和破坏程度，以及生态环境退化的进度都会对社区建设产生负面的影响。自然环境和人类居住环境之间出现了严重的不协调状况。提出未来社区建设中的规划发展，目的就是鼓励人们使用自然环境资源的同时，要进一步控制其可再生能源的利用率，对社区资源应进行有序、适度的开发和利用，不仅要求提高经济生产，还要讲究对资源的科学使用，建设资源节约，环境友好的新型社区。社区建设中强调居民与资源的协调，就是要在建设社区时，认真对社区未来的发展进行规划和设计。注意在建设中处理好与居住环境的相互关系，加大对环境的保护工作，改善社区环境的状态。

第二，社区居民与社区建筑的和谐。社区在建筑上更应该体现人与自然的和谐与统一。社区规划应以建设节约型的社区为目标，包括合理利用社区的土地、江河、湖泊、能源、材料，甚至是一棵树。今天我们在衡量一个优秀社区时，首先要考察它的设计、规划、建设是否合理和先进，是否营造出了和谐、美丽、舒适、环保的社区，在建设中的生态平衡、可持续发展的理念及实施过程中的有效结果。社区规划、建设和发展的方向上，重视社区居民、社区环境和社区建筑三个方面的综合作用，是社区建设和发展的目的和标准。要强调社区建设的总体规划、设计上的生态平衡、建筑上的环保和营造良好的居住环境。

第二节　国内社区建设的实践模式

所谓模式，简单地说是指某种事物的标准形式或使人可以照着做的标准样式。我国关于社区建设的模式有很多，涌现出很多以地名或其他方式命名的模式，但对其进行深入研究可以将其归纳为以下几种。

一、政府主导的行政型模式

（一）政府主导的行政型模式的内涵

政府主导型模式，也称行政型模式，其最大的特点是社区建设和管理基本由政府来承担，管理模式采用自上而下的科层式行政管理。这里，政府相关部门主要负责社区机构，活动的安排、社区领导的任命以及后期的培训过程，资金的筹集以及规划等，是社区建设管理的主导。在现阶段的我国，主要是以街道办事处为主体，社区居民委员会、社会团体、中介组织等各种社区主体的共同协助和配合，对社区的人口、治安、司法、环境卫生、社会公共事务、社会福利与保障等进行发展与管理。

（二）政府主导的行政型模式的优缺点

1. 优点

由于政府有强大的行政权力作后盾，因而在社区建设和管理中政府的行为天然地具有权威性。政府能够整合各种资源，联合社区内各种主体，协调好城建、环卫、公安、文化等部门，共同承担起社区建设的重任。

2. 缺点

由于社区建设和管理完全由政府推动或操办，社区居民和社区组织基本上不参与社区的管理工作，因而在观念上认为社区建设和管理理所当然是政府部门的事，在行为上则处于依附、被动、消极的状态。目前，我国大多数地区的社区建设和管理都采用这种模式。

(三)典型模式:上海模式

1.主要内容

1996年3月27—28日,上海市委首次召开了全市城区工作会议。当时的上海市委书记在会上做报告,题为《加强社区建设和管理,不断提高城市现代化管理水平》,全面部署新时期上海的社区管理。其强调社区是载体,基层是城市建设和管理的基础,并确定了"两级政府,三级管理,四级网络"的社区管理规划建设新体制。随后,在全市十个街道进行试点,其主要内容如下:

(1)总构成。对于"两级政府,三级管理,四级网络"的社区管理体制。"两级政府"指的是市政府、区政府;"三级管理"指的是市、区、街道这三级的管理;"四级网络"指的是市、区、街道、居民委员会四级机构之间的互相沟通和协调行动。主旨是扩大街道办事处的管理职能,使之在社区事务的组织、领导、协调、监督、检查等方面有更高的地位和更大的权力。

(2)管理重心下移,权力下放,在街道实行责权统一的良性运作机制。如对与居民生活相关的私房管理、市容环境卫生管理、建筑工地的施工管理、绿化环保初审、物业公司的监督管理等,街道行使部分监督处罚权。除了总体规划,制定政策和针对性进行必要的专业指导外,区级政府的有关部门权力下放,由职能部门的派出机构接手专业管理权利,由街道办事处接手具体的专业管理和操作职能。

(3)在街道建立相应的组织机构。如新成立城区管理委员会,由街道办事处、派出所、房管所、工商所、市容监察队等单位共同组成,街道办事处居于主导地位,具体商量、协调、督查城区管理的各项事务;成立市政管理委员会、社区发展委员会、社区治安综合治理委员会、财政经济委员会,分别管理辖区内市政市容、社区福利与劳动就业、社会治安、扶持与引导街道经济发展等工作;

发动社区内企事业单位、人民团体、居民群众对社区事务进行商议、协调、指导、监督和咨询，对社区行政提供引导和坚强后盾，促进社区建设和社区管理的社会化进程。

(4)引进市场机制，实行有偿服务和义务服务相结合，拓展社会化管理，理顺政府、社会、企业三方面的关系，严格执法。具体做法主要包括三个方面：第一，由企业承担纯粹的作业，如清理运送垃圾、道路保持整洁、环境绿化与植物养护等作业交由企业实体专门负责，实施有偿服务；第二，半行政化服务行为由中介性的服务组织来承担，如将转交民政福利部门中社会职能部分，其具体任务交由社会志愿者协会、基金会、慈善组织、联合会等来进行统筹安排规划与操作；第三，对政府直接参与的经济实体施行政企分开制度，以专门的经营公司分担原来经济实体中的对应部分，并且政府工作人员不参与经营公司的运营过程；第四，运用法律手段，严格执法，成立综合执法队伍，对街道内治安、环保、卫生防疫、工商、物业等进行综合治理。

2. 主要做法

(1)"以块为主，条块结合"。需要认清，街道办事处处于一级管理的地位，是街道行政权力的中心，全权下放要求将街道行政的权利——部分城区规划的参与权、分级管理权、综合协调权、属地管理权等下放。同时为了弥补整体划分成部分的缺陷，成立了由街道办事处牵头，派出所、房管所、环卫所、工商所、街道医院、房管办、市容监察分队等单位参与的城区管理委员会。其定期开会商量、协调、督察，社区建设各种事务，进而更好地制定社区发展计划。城区管委会作为条块间的纽带，可以协调行政，使分割的条块得以整合，进行综合管理。

(2)建构相应社区管理执行系统。"上海模式"在街道内设定四个委员会：市政管理委员会、社区发展委员会、社会治安综合治理委员会、财政经济委员会。其具体分工是：市政管理委员会负责市容卫生、市政建设、环境保护、除害灭病、卫生防疫、城市绿化；社区发展委员会负责社会保障、社区福利、社区服务、社区教育、社区文化、计划生育、劳动就业、粮籍管理等与社区发展有关的工作；社会治安综合管理委员会负责社会治安与司法行政；财政经济管理委员会对街道财政进行预决算，对街道内经济进行工商、物价、税收方面的行政管理，扶持和引导街道经济。以街道为中心组建委员会的组织创新，将相关部门和单位都包容进来，从而使街道在对日常事务的处理和协调中有了有形的依托。

(3)社区参与制度创新。第一，社区委员会是一个社区协商议事机制。2005 年 11 月，上海市民政局制定《上海市社区委员会章程》，强调社区委员会是在社区街道党工委的领导下，对涉及公益性、社会性、群众性的社区事务，进行决策、协商、评议、监督。居民参与是社区发展的不竭动力。第二，社区代表会议是由街道居民代表会议调整演变而来的。2006 年 2 月 1 日起实施的《上海市社区代表会议实施办法》规定，社区代表会议由社区街道党工委、街道办事处、区职能部门派出机构推荐的代表，居民区党组织和居委会推荐的代表，社区各级人大代表，政协委员，社区内各类法人组织推荐的代表，社区居民及其他特殊群体推荐的代表组成。第三，居民会议制度。居民会议的职责主要有：选举、撤换或补选居民委员会成员；制定、修改并完善居民公约、居民自治章程，并监督其执行过程；对与全体居民利益息息相关的重要事项进行讨论并做出决定；开会听取对居民委员会的工作报告和资金筹集使用情况报告，并进行审议；对居民区建设、委员会年度工作安排以及实事项目进行讨论决定；收集反映居民的意愿和期望；对委员会成员进行评议；纠正居民委员会在日常工作中的不恰当决定。

二、居民自治型模式

（一）居民自治型模式的内涵

居民自治型模式，指的是政府在社区建设和管理中主要从法律、制度、政策上加以规范和引导，社区本身具有法定的地位和自主权力，是社区建设的主角。在这种模式的社区建设和管理中，政府一般不直接参与管理，而是通过法律和实施优惠政策来实施干预；社区中各项事务多由非政府组织和非营利性组织来操办和实施；社区建设资金主要依靠社区的法定地位从社会上募集；社区建设和管理中公众的参与度很高。

欧美国家大多采用这种模式，其中以美国最为典型。

在我国，社区居民自治模式指的是围绕社区居民委员会，结合非政府组织、新经济组织、企业、个人等其他主体，共同进行社区管理建设工作的模式。

（二）居民自治型模式的优缺点

1. 优点

其主要优点是明确居民自治的区域定位："社区自治、议行分离"明确界定政府与社区职责；"权随责走，费随事转"制度，具有以社区为本位的体制建设的示范意义。

2. 缺点

政府职能越位与缺位现象并存；实际运行中，往往过度行政化，忽略社区自治；社区居民自治意识发育不足，参与不充分，难以实现制度初衷。

（三）典型模式：沈阳模式

1. 主要内容

辽宁省沈阳市在社区建设中为了使社区居民行使民主权利，优化社区的资源配置，将市内五个区原有的 2011 个居委会重新整合组建为 832 个新社区，划分为四种类型：一是以居民居住和单位自然划分的板块型社区；二是以封闭型居民小区为单位的小区型社区；三是以职工家属聚居区为主体的单位型社区；四是具有不同功能特点的功能型社区。社区规模大的两三千户，小的一千多户。这种小于街道大于居委会的社区定位，能够帮助基层政府有针对性地开展社区工作，使不同社区管理中的优势和特色尽情发挥，从而使社区各类资源的配置得到有效利用。

沈阳市对社区管理组织体系进行重新建构，设置了决策层、执行层、议事层和领导层四个层次，目的在于调动居民参与社区事务的积极性和主动性。决策层是社区成员代表大会，由社区居民和单位代表共同组成，定期召开会议决策社区中重大事务，是社区的自治权力机构；执行层是社区管理委员会，与规模调整后的居委会实行“一套人马，两块牌子”，由居委会成员、户籍民警、物业管理公司负责人等组成，主要职能是社区教育、社区服务、社区管理和监督社区事务的实施，需要向社区成员代表大会负责并汇报工作；议事层是社区协商议事委员会，主要成员由社区内的人大代表、政协委员、知名人士、居民代表、单位代表等组成，是议事监督机构，职能是在社区代表大会闭幕期间，进行社区事务的协商、议事，同时对社区管理委员会的工作进行监督；领导层是社区中的共产党组织，主要有社区党委、总支和支部，是社区工作的领导核心，发挥保障和支持社区自治的作用。

在社区组织体系构建完毕后，根据“小政府、大社会”的社会建设原则，沈阳市政府将社区管理的职权，包括初审权、自治权、协办权和监督权等移交给社区，实施“社区自治，议行分离”原则。政府实行“有偿服务，费随事转”的处理方式，目的在于解决处理属于自身范围内有需要社区组织协助处理的事务问题中的社区建设管理经费问题。基于此，“沈阳模式”中的社区自治组织在社区建设中具有法定的地位，拥有了相应的自主权力，在社区建设中能够发挥主动性和创造性；政府引导监督，主要以法律、制度和政策来规范社区的管理和运行，由于社区组织机构由居民选举产生，社区内专业人士、社会贤达和各群体代表都可通过专业咨询机构表达社区民意，以此参与政府的决策。因而“沈阳模式”在我国当代社区建设和管理中具有重要的影响，受到民政部的表扬和推广。

2. 主要做法

(1)社区分类。社区分为四种类型：按照居民居住和单位自然地域划分的“板块型社区”，以封闭型的居民小区为单位划分的“小区型社区”，以职工家属聚居区为主体划分的“单位型社区”和根据功能特点划分的“功能型社区”。分类依据居民居住的地缘关系、心理认同感等社区构成要素，按照优化资源配置、利于群众自治和管理、提高工作效能等原则进行分类。

(2)借鉴国家政权机构设置，对组织建构进行完善。社区设立社区成员代表大会、社区协商议事委员会和社区居民委员会，将它们作为社区自治的主体组织。并且建章立制，明确了三者之间的关系、社区党支部的地位和作用。“沈阳模式”的组织构建和机制再造主要体现在以下三个方面：一是居民代表会议与居委会的关系得到明确，解决《居委会组织法》对两者关系界定不明确的问题；二是社区内建构整体性的自治组织结构框架，完善自治组织结构；三是增设监督层，如协商议事会，使监督层次得以完善，进而有效监督整个建设过程。

三、政社合作型模式

(一)政社合作型模式的内涵

政社合作型是在沈阳模式的基础上理清政府与社区的关系。政府在社区建设和管理中所扮演的角色介于行政管理型和社区自治型之间，所起的指导作用主要体现在对社区建设的理论与实践引导，提供资金技术上的支持，进行整体的方向性指引；社区居民和相关社区组织则较积极地参与社区的建设和管理。

(二)政社合作型模式的优缺点

1.优点

政府职能转变,理顺政府与社区的关系:“小政府、大社会”理念创新体制机制。从内外两个层面进一步深化的沈阳模式。

2.缺点

社区居民自治意识不足,参与社区活动的积极性不高;社区公共服务设施不足,使体制创新的形式化意义大于实质。

(三)典型模式:汉江模式

1.主要内容

武汉作为我国华中地区的超特大型城市,在武汉市政府的领导下于改革开放以后在社区建设和发展方面也取得了长足的进步和骄人的成绩。“江汉模式”“883 行动计划”“百步亭模式”“常青花园模式”等在国内社区建设领域都享有较高的声誉,并获得了好评。

1999 年 10 月 16 日,民政部基层政权与社区建设司在沈阳召开了“社区体制改革—沈阳模式论证会”,对沈阳社区建设经验给予了高度的评价。武汉市江汉区在学习和借鉴沈阳经验的基础上,结合自己的社区建设的经验教训,提出了具有针对自身特色的社区建设目标:坚持社区自治的方向,以社区为平台,通过制度创新,建立一种行政调控与社区自治相结合、行政功能与社区自治功能互补、整合行政资源与社会资源、让政府力量与社会力量互动起来的社区治理模式。这个模式的核心就是将优化政府管理体制与培育社区自治直接结合,探索出一条政府依法行政与社区依法自治相结合的运作机制。为了达到这个目标,武汉市江汉区政府将此分为三个建设阶段:

第一个阶段是社区培育阶段，主要工作是调整社区规模，进行新的社区组织形式的构建，整理社区各方面的关系，初步建立一种由政府领头、政策引导、基本自治的基层社区管理体制；第二阶段是社区发展阶段，主要任务是稳步推进社区制度的变迁和转型，实现政府职能的根本转变，基本完成城市基层管理体制的重心由行政调控主导体制向法制保障下的社区居民自主自我调控体制转变；第三阶段是社区自治完善阶段，主要任务是扩大社区基层民主，实现以民主选举、民主决策、民主监督为主要内容的依法自治，全面提升社区功能发展。

江汉区将社区规模定位为“小于街道、大于居委会”，与沈阳模式相同，通过民主协商和依法选举，成立了社区成员代表大会、社区居委会和社区协商议事会，这三个组织构成了社区自治组织体系。

2. 主要做法

(1)对社区进行重新定位，选择社区治理的平台。从总体上看，江汉区的社区建设修的是上下联动、配套改革、突出重点、政体推进的改革之路。经历了社区组织体系构建、区街政府职能转变、社区功能提升等过程，其目的在于重构城市基层社会管理平台。江汉区根据有利于行政调控机制与社区自治机制相结合、行政功能与自治功能互补、行政资源与社会资源结合、政府力量与社会力量互动的原则，以户数在1000～3000户之间的规模，按照“小于街道、大于居委会”的思路，将体制的平台定位于城市基层社会管理平台，界定街道办以及政府相关部门和居委会的权责界限，实现居委会的基层自治。这一体制可以简单表述为“政府依法行政、社区依法自治，行政机制与自治机制结合、政府功能与社区功能互补”。

(2)权责匹配。区、街政府需要获得有关部门的准许和社区组织的同意，进而才能得到社区居委会协助办理相关事务。在这一过程中，所需要的各项权利经费均有政府给予提供。区街政府部门完成不了的职能，相关权利经费同时转向社区，做到“事费统一、权随责走”，保证在社区协助政府工作以及履行某些公共服务职能时，能够享有必要的权利和拥有充足的资金支持。

(3)监督与责任对应到人。江汉区建立了三个层面的民主考核机制：一是居民代表对社区组织及社区工作者的考评机制；二是社区组织、居民代表对政府工作人员的考评监督机制；三是社区组织、居民代表对区政府有关职能部门和街道办事处及其相关科室的考评监督机制。目的在于保证区、街道政府部门职能转换到位，拒绝形式化工作，根治过去那种“遇见好事抢着做，遇见麻烦事无人做，遇见责任踢皮球”的反复性问题，力争做到规范化、程序化。

第三节　国外城市社区管理的经验借鉴

一、国外社区发展的历史

(一)国外社区发展的起源

国外的社区发展可以说从欧洲工业革命出现开始。从最早工业革命的英国开始，迅速蔓延到其他欧洲资本主义国家。欧洲社会也因为工业革命而急剧发生变化。工业革命一方面推动资本主义工业化和城市化进程，也使得社会经济和社会生活取得重大发展；另一方面，严重的社会问题也随之而来，如农民破产，以致大量农业人口进入城市，导致城市人口超负荷，失业、贫困等问题层出不穷。此时，由于原有的以教会为主的社会救济方式不能满足当时需要，所以出现了德国济贫制度的改革与英国慈善事业的发展。

“二战”后，西方发达国家迫切需要在战争结束后将国民生活恢复到正常。但受当时资源条件的限制，只能采用动员地方居民参与社区发展计划进程的方法。此后，许多国家政府和联合国明确，想要改善人民的生活条件，提高生活质量，除了依靠国家投入资源，还需要从基层做起，动员组织当地居民参与，提出期望并依靠自身资源解决问题，即自上而下地解决当时存在的问题，形成机制。

由此，社区发展的概念形成了自己的体系，在概念、组织及工作方法上逐渐完善，社区发展也成了民主制度的衍生品，是一种组织的、教育的、自助自治的成长。特别在美国等西方国家，参与社区发展的相关机构成为西方社会的基本组织形式之一。

（二）国外社区发展的过程与阶段

1. 社区救助（18—20 世纪初）

18 世纪初，工业革命带来社会贫困等诸多问题，英国、法国、德国为解决这些问题，结合社会组织开展救济工作，对失业人员、贫民进行救济。社区救助工作最早开始于 19 世纪英国慈善组织协会运动，在此进程中，采用“爱尔伯福制度”，将城市分为区块，由小区组成支援委员会分配救济。通过该制度，协调慈善团体和救济机构的工作，来提升效率减少成本。

19 世纪中后期，美国各地成立了社区工作性质的慈善组织。1872 年成立纽约州立慈善救助会社，1873 年成立美国慈善及矫治会社，1876 年出现的“社会服务交换所”是当时首创，1886 年出现第一个“社会机构委员会”，1913 年出现第一个社区基金会等。

20 世纪初，英、美等发达资本主义国家先后建立起各种类型的福利设施与机构。1929 年经济危机后，美国政府开始参与社会福利领域，引进社区组织的原则和工作方法用以推广社会福利计划，如建立联邦机构“社会安全委员会”，成立“州计划”建立工作标准尤其是公共救助的标准，扩展儿童福利服务的范围至边远地区等。在此期间，社会福利的基本责任由志愿团体转向政府是社会福利体系的一个明显变化。

对社区组织概念、体系和工作方法的认同和推行是这一阶段的一个重要发展。美国斯坦纳教授 Jessie F. Steiner 在 1917 年至 1919 年对辛辛纳提社区组织试验区进行了社区组织研究。1939 年美国全国社会工作协会会议通过兰尼(Robert P. Lane)报告，强调社区组织作为社区工作进程的作用。社区组织为大家所接受，建立社区组织成为一种基本的社区工作方法。

此阶段又可以分为两个时期。早期可以看作是社区发展的萌芽阶段。这一时期出现的机构在性质上都属于社区性的福利救济机构，在工作方式的形成上，这种方式奠定了基础，以慈善团体与救济机构协调合作的方法，解决社区内问题。在服务对象上，强调个人立场，以个别化的原则，阵地不同的个人、家庭的问题以及需要提供服务。20 世纪初期进入后期，政府重视参与到社区发展中来。社区发展中政府与社区的关系也由此建立起来。

2.发展阶段(20 世纪初—20 世纪 80 年代)

社区发展开始于 1939 年埃及的非官方机构。当时在埃及政府的主导下，在两个村庄实施一连串的实验性计划，之后逐步在全国范围内开展社区建设，因此埃及被认为是最早推行社区发展的发展中国家。1948 年，英国就成人教育发展正式提出“社区发展”的概念，以取代在殖民地开展的“民众教育”。印度在 1952 年 10 月推行了全国性的社区发展计划，是世界上第一个推行全国性社区发展计划的国家。20 世纪 50 年代后，社区建设不仅在西方发达国家得到普遍认可，而且也引起发展中国家以及世界范围的高度重视。到 20 世纪 80 年代，数十个国家推行了全国性的社区发展计划，另外有数十个国家正在开始或处于试验阶段，国际上也成立了许多与社区有关的机构。

联合国为推进全球社区发展开展了一系列活动。1951 年，联合国经社理事会通过了390D号议案，计划建立社区福利中心，发挥社区对社区的作用，并希望以此推动建设经济社会，以改善人民生活。后来发现，社区福利中心难以在一般贫穷国家发挥作用，因而进一步探讨社区发展的可行性。1952年，经社理事会正式成立了“社区组织与社区发展小组”，目的是推动社区发展工作。1954年，该小组改组为社区事务局社区发展组，在世界多个国家与地区内推动社区发展运动。印度是较早接受联合国社区发展计划的国家，并在全国数十万个村庄推广社区发展的计划，其中“喀拉拉民众科学运动”的推广成为在农村落后地区推行社区发展计划的典范。1955年，联合国出版《通过社区发展实现社会进步》，对社区发展进行了界定，提出社区发展“是一种经由全区人民积极参加与充分发挥其创造力量，以促进社区经济、经济进步情况的过程”。这一定义至今仍是国际通行的社区发展定义之一。1959年，联合国在英国举办“欧洲社区发展与都市社会福利研讨会”。1961年，联合国秘书长亲自提出了《都市地区社区发展报告书》，社区发展的实践开始向城市扩展。

在该阶段，在联合国的推动下和各国的实践中，社区发展的工作体系得以建立，社区发展的方向由早期的慈善、救济、福利的工作范围向社区的经济、社会、教育、生活全面参与的方向转变。社区发展的内容包括了社区组织、工作，社区服务、照顾，社区参与、教育，社区文化、规划等。社区发展实践的区域从农村地区转向城市地区，政治、经济、社会、文化各方面的改善是社区发展的最终目标。

3. 整合性的社区发展(20世纪80年代以后)

20世纪80年代，新经济形态的出现，如当年的工业革命一样，进一步加速城市化与现代化的进程，西方国家的经济结构开始发生变化。工业革命所带来的工业化、商业化、都市化、科层化和世俗化仍然继续，而新经济所带来的产业结构及社会生活方式的变化，又带来了一系列新的社会变化甚至社会问题。例如，美国的社区类型除了传统的华人社区、白人社区和黑人社区外，工业社区、商业社区、高科技社区、文化娱乐社区和旅游社区从传统社区中分化产生。社区本身也发生了变迁，社区阶层结构、社区职业结构、社区文化、社区组织与规范发生了新的变化。这一趋势带来社区的变化包括与大社会的关系的增进、各功能转移到企业与政府机构、层级制度与制度化加强、都市化与次都市化加剧、社会观念变迁加剧等。与此同时，民权运动、种族冲突、都市衰退及重建工作、大社会计划、贫富两极分化、低收入者及青少年犯罪增加、环境保护等社会问题变得更加突出。新技术的出现，也产生了更多的社会现象与问题。如随着技术及信息产业的发展，一些弱势群体因为资金问题和自身认知限制从而产生信息贫困，而这种信息贫困会导致相关事务的非良性循环。

20 世纪 80 年代以后，社区变迁受到多种因素的影响。一方面是全球文明的趋向同一，另一方面是各种社会要素的高密度、分工的专业化、生活方式的多样化。社区如果仅提供经济功能、政治功能、社会功能、教育功能、休闲娱乐功能、福利功能、卫生保健功能已不能满足社区发展及居民相关的需要，社区与社区规划、居民互动、日常生活的联系越来越紧密。20 世纪 80 年代以后，社区发展面临的问题需要依靠社区力量和地方社会的整合进行资源补救。社区推动公民广泛参与，进行各种社会活动，其内容的发展更加丰富多彩。例如，在美国的社区发展从早期的睦邻运动发展到改善环境、培养社区居民自助自治、大量发展非营利组织、盛行志愿服务等活动的状态。社区发展也由社区规划、社区照顾、社区参与等原本相互分离的状态逐渐融合，社区发展的工作内容呈现整合发展的趋势。

社区发展的整合趋势，还主要表现在发展模式的变化。从第一阶段的政府、社区作为社区发展的两大助理，到第二阶段的政府、社区及非政府组织三方协作并行，再到 20 世纪 80 年代以后进入整合阶段，出现了公众、志愿者、私人部门等多方力量参与的形式。此外，社区发展在活动的发起方式、资金来源、目标等方面也呈现逐渐分化的特征。

最后，社区发展的整合还表现在化单一模式的应用为复合模式的应用。Ted K. Bradshaw 通过对美国两个社区发展分析发现，当代社会的复合性非往昔能比。主要表现在三个方面：一是社区的各部分规模和联系的范围在增大；二是社会成分的日益差异化和特征的凸显；三是社会系统的组织单位间相互依赖越来越强。在社区发展方面，出现了多组织协作的方式，在问题解决方面，为满足社区的多种需要同时提供多功能的整合性解决方案、在社区发展的协作区域上突破了地理与行政管辖限制。

二、国外社区建设的经验启示

（一）"行政、自治、社会"三位一体的社区治理结构的建构

纽约、东京和新加坡进行社区治理的一个共同点就是形成了一种"政府行政介入、社区组织自治、社区公民参与"三位结合的社区治理体制。这种三位一体的社区治理体制并不局限于少数国家或地区的社区治理，体现了当今时代社区治理的通用法则，因此具有普遍适用性。对比国外比较成熟的社区体制，行政主导模式、自治主导模式或混合模式，无论是哪一种，事实上都形成了行政、自治、社会三种因素或力量综合的治理结构。行政的组织载体是城市政府及其授权延伸机构，行政行为包括制度安排、法规及政策的制定、规划及项目的拟定、进行协调与指导等；自治的载体是社区自治组织，代表居民进行自主治理社区内事务；社会的主体是非营利组织和社区居民，社区居民通过自治组织进行社区的治理，通过非营利组织为社区提供公益服务。我国社区发展也应该是这种"行政、自治、社会"三位结合的体制模式，或者说应该从目前的政府行政主导体制逐步走向行政、自治、社会三方力量相对均衡的公共体制。因此，这种模式反映社区治理的一般规则和发展趋势，并且兼顾民主与效率。

（二）社区治理中行政组织与自治组织角色定位关系的调整

与纽约、东京和新加坡等国外社区治理模式相比较，现阶段我国社区治理体制还存在许多问题。其中，最为突出的问题是：在我国社区治理中，政府行政组织角色与力量过于强大，相对应的社区自治组织角色和作用过于弱小，政府体制性衍生治理越位，社区自治一定程度上处于自治缺位状态。这些问题的产生主要有现实和历史双重原因。从历史角度来看，现行社区治理体制由计划经济时期的行政化“街（道）—居（委会）”体制沿革而来，强大的行政惯性力量在短期内还不可能减弱。并且 20 世纪 80 年代中期以来，政府推动社区建设，这种行政惯性力量作用已久。从现实角度来看，现阶段居委会自治组织、社会中介组织发育尚未成熟，行政组织直接或间接地充当自治组织、中介组织部分角色。居委会在社区治理中还应有功能无法完全发挥，这势必导致行政功能部分替代，这一问题的存在有一定的必然性，其本身是社区治理体制发展的一大瓶颈。基于此，在我国深化改革社区治理体制进程中，需要结合各地自身实际情况，结合外国社区组织体制，如纽约、东京和新加坡等国家体制，调整行政与自治组织间的角色关系，重点调整行政组织角色。首先，按照性质不同，可将社区各种事务分为三大层次，即政府行政事务、居委会自治事务和社会化服务事务。居委会进行自主管理自治组织应该承担、能够承担的事务，中介组织尽可能按照社会化、市场化方式提供服务性事务。其次，理清行政事务范围，明确政府在社区管理中的角色。一般来说，政府的角色是承担自治组织及中介组织无法承担且政府有义务承担的社区公共事务，包括制定社区法规政策、拟定城市社区发展规划、协调社区组织间的关系、整合社区资源、对社区治理及发展进行指导、为社区建设提供资金等。最后，明确政府的社区角色，改革现行的社区行政体制，解决街道社区行政体制自身诸如“条”“块”矛盾等问题。

(三)中介组织的服务和参与社区建设功能的培育和开发

非营利组织比较发达是纽约、东京和新加坡社区治理的一大共性特征。其不管是在社区服务还是接纳社区居民参与等方面都发挥了重要作用,它的作用是政府和自治组织无法替代的。现阶段,在我国城市,非营利组织被称为中介组织或民办非企业,尚且处在发育的初级阶段,规模较小,也没有形成地区性乃至全国性的网络,社会化与市场化的程度低,与政府间的依附关系短时间内还不能完全断绝,所以其在社区治理中的应有功能未能发挥。并且,非营利组织力量还十分薄弱,这也制约了我国城市社区的进步,导致政府越位或行政力量难以退缩等问题。因此,需要进一步促进非营利组织的快速发展以带动社区建设。

第一,培育扶持各种专业化的中介组织或"民办非企业"组织,可以通过适度行政行为加以利用政府资源,如税收优惠政策、财政贷款、购买服务、事业单位转换、组织联姻等,并对这类组织进行整合,使其规模化,网络化。

第二,提高中介组织或民办非企业组织社会化,提高市场化运作水平,同时使它们逐渐剥离政府的庇荫,成为独立主体,在非盈利服务市场形成一定的规模效应。

第三,鼓励引导这类组织面向社区服务市场,承担社区服务的功能。

第四,广泛吸收社区居民参加社区公益性、互助性活动,扩大居民参与自治事务的渠道,从而能加强非营利组织对居民参与社区治理的吸纳功能。

(四)建立多元化的社区自治的资金来源的探索

资金是社区治理和发展的经济保障。纽约、东京和新加坡社区治理和建设的资金来源多样,不仅包括政府拨款,还包括社会捐助、银行贷款、服务收费等其他渠道,社区资金来源的常规渠道包括基金会、慈善机构、企业等组织通过参与社区相关公益性项目并在社区开发中形成伙伴关系的方式等。

从我国的现状来看，社区治理以及居委会自治组织的主要资金来源是政府拨款。社区自治组织对政府有经济依赖性，其专职人员或者社会工作者的任用带有行政意味，这决定了居民委员会自治的“准行政化”特征，这也就是社区居委会难以实现自主自治的原因。

想要促进社区发展，推动居委会自治，纽约、东京和新加坡等国家通过多途径、多渠道筹集资金的做法值得借鉴，因为构建筹集居委会自治资金的新渠道需要积极探索。例如，鼓励慈善机构、社区企事业单位及居民家庭捐款，为向社区的救助事业、公益事业奉献出一份力量，引导基金会、地方金融机构对社区的发展项目贷款，给予政策支持，其中的一些社区服务和管理项目可以适当收费，在自愿的前提下向社区居民募集居委会自治基金等。

第三章　社区建设的主要内容

加强社区建设，构建新的社区管理体制，把社区居民最大限度地组织起来，建设社区，服务社区，让居民自己管理自己的社区，是建设有中国特色社会主义政治文明的又一伟大创举，是我们党在新时期加强城市管理和服务的新途径。

第一节　社区文化建设

文化是一个国家、一个民族的灵魂。没有高度的文化自信，没有文化的繁荣兴盛，就没有中华民族的伟大复兴。这就要求我们坚持社会主义核心价值观，大力弘扬中华优秀传统文化、大力发展社会主义先进文化。社区文化作为基层社会的地域性文化，以其特殊的内涵和功能对社区成员的人格精神和社区的整体风貌产生潜移默化的影响。社区文化是涵养社会主义核心价值观的基础条件，是弘扬中华优秀传统、发展社会主义先进文化的直接因素。因此，加强社区文化建设和管理，对于提高公民的文化自信和社区乃至社会的文化繁荣具有重要的现实意义。

一、社区文化概述

社区文化是一种综合的社会意识形态，属于社区精神文明范畴。文明健康的社区文化能够教育、鼓舞、凝聚社区居民，促进人们形成科学的世界观、人生观和价值观。

(一)社区文化的含义

社区文化是一种地域性文化,是以社区为依托,以文化活动为载体所表现出来的社区成员的生活方式、行为习俗、价值观念、知识水平、娱乐心态、审美层次、人文环境等文化现象的总和。

社区文化具有自己特定的内涵。

1. 社区传统文化

社区传统文化是社区的特色文化,处于不同地理位置的社区常常具有不同的传统文化形式,以呈现社区居民文化意识、历史积淀和行为习惯的文化传统。其主要表现为社区特色的民间艺术、历史文化景点、社区居民传统形态的文化素质,以及由此产生的价值取向等。对社区优秀传统文化的挖掘和继承是社区文化建设的重要内容,最能体现本社区文化与众不同的特点。抛弃传统,丢掉根本,就等于割断了自己的精神命脉。

2. 社区公益文化

社区公益文化是社区文化不可缺少的内容,是以社区各种公共文化设施为依托而开展的为全社区成员服务的社会性文化活动。例如,社区的公共图书室、文体活动室、美术馆、科技室、广场等都是社区居民进行文化活动的场所。这些场所的设施属于公共设施,向全社区的居民甚至向社会开放,在这些场所进行的公益文化活动具有群众性的特点,而且不以营利为主要目的。因此,社区公益文化最能体现社区的综合实力和社区的综合发展水平。

3. 社区专业文化

社区专业性文化不具有普遍性和经常性的特点,但它最能体现社区文化的深刻内涵和社区文化的艺术水平。专业性文化具有较高水准,特别是一些高雅文化都是由专业的文化队伍提供的，是文化产业的核心部分，如舞台艺术中的舞蹈表演、各类专业演出、演唱会等。这些专业性的文化通常要经过一定的策划和充分的准备，具备一定条件才能进行。它既为社区建设增加经济收入，也给社区公众带来丰富的文化生活内容，有利于高雅文化和通俗文化的互补。

4. 社区娱乐文化

娱乐文化是以娱乐场所为依托的经营性的商业活动，如社区内的歌舞厅、酒吧、健身房、练歌场、电子游戏机房等，都是娱乐文化活动场所。娱乐文化活动显然属于营业性、营利性的文化活动，但它同样为丰富多彩的社区文化生活提供了多样性选择，是社区文化不可缺少的组成部分，也是社区文化具有普遍性的基础部分。其对于繁荣社区文化、促进社区经济发展有重要作用。

总之，社区文化具有丰富的内涵，是社区居民生活不可缺少的内容，是社区建设的重要组成部分。它是由社区成员共同创造的，并且共同承载、共同分享，对社区成员具有强大的凝聚力和教育作用。

（二）社区文化的特点

社区文化作为群众文化的重要组成部分，是社会大文化在社区内的具体表现。社区内的历史传统、风俗习惯、经济状况、人群构成以及自然环境和社会环境等因素都对社区文化产生重大影响。从社区文化的共性来看，它有以下四个特点。

1. 丰富性

社区文化的内容随着改革开放的深入而日益丰富和充实，包括文学、艺术、体育、科技等，文化活动多种多样，文化设施增多，文化品位差别也很明显，出现了雅俗共赏的局面。其中，既有体现中国古老文化以及民间传统、民族风格的舞蹈、戏曲、绘画、音乐等，也有从国外引进的迪斯科、摇滚乐以及体现现代科技的电子游戏与多媒体等。社区文化的丰富性与社区人们的精神需求的丰富性密切相关。改革开放以来，随着人们生活水平的提高，社区居民对文化活动的需求也越来越迫切。人们需要衣、食、住、行，也需要锻炼体魄、培养情趣、陶冶情操、了解新科技和更新的生活方式，以及追求更高层次的精神享受和境界的升华。

2. 多样性

社区文化的多样性，是由社区人群结构的复杂性决定的。由于社区成员的文化素质、年龄结构、社会分工、个人经历、生活条件等不同，甚至有很大差异，因此人们对文化活动有不同的爱好和兴趣，使社区文化呈现出不同的层次性和多样性的特点。社区文化的多样性具体表现为：(1)文化服务的对象是多样的，有社区各单位的机关干部、工人、军人、知识分子、学生、离退休人员、个体经营者以及一般的社区居民等；(2)文化设施是多样的，有文化站、礼堂、俱乐部、图书室、健身房、歌舞厅、游艺厅、科技活动室、画廊、宣传窗、文化广场等；(3)文化形态是多样的，有商业文化、企业文化、校园文化、军营文化、机关文化、广场文化等。

3. 群众性

社区文化有广泛的群众基础，受到社区广大群众的认同和欢迎。由于社区群众既是社区建设和活动的主体，也是社区文化建设的动力，社区文化植根于社区群众生活之中，是其社会生活、实践和需求的反映。社区文化越是贴近群众，贴近社会生活，就越能加大社区群众参与的广度和深度，也就越有生命力。社区文化工作的出发点和归宿就在于依靠社区群众，反映他们的文化需求，为他们服务，这是开展社区文化工作的基本工作思路和价值取向。只有这样，才能使社区文化面向基层，服务于民，更富有应用价值和实际效果，从而得到广大群众的拥护，进一步推动社区文化的建设和发展。

4.开放性

随着我国改革开放的不断深入和经济的迅速发展，人们的价值观念和生活方式发生了重大变化，社区文化也表现出开放性的特征。在社会文化的大背景下，现代社区文化仍然是一个开放系统，它要容纳千姿百态的各种类型的文化——高雅的文化与通俗的文化、传统文化与现代文化、公益文化与消费文化、本土文化与外来文化等。这些文化从内容到形式都是不断发展变化的，而不是封闭和僵化的，体现了社会发展的开放性的大趋势，以及人们思想观念的解放和对新事物的敏感性等，这就必然使社区的发展（包括文化活动的发展和社区建设的发展）也显现出开放性特点。

二、社区文化建设的内容

（一）社区文化建设规划

社区文化建设规划既要符合社区文化建设的一般规律，又要能够体现本区域的地域文化特色，适应本地区居民的文化发展需求。通过发展社区文化，开展文化活动，以文化交流的形式来增进居民间的团结和融合，发扬区域文化特色，维护当地的政治稳定、经济繁荣的局面，提高城区两个文明发展水平。

（二）社区文化体制

现在的社区居民委员会较以前居民委员会从内容和形式都发生了很大变化，进行了重新的规划和构架。社区文化服务的形式和内容也都发生了很大变化。社区文化体制建设作为组织体系的构建，不仅要满足社区文化建设发展需要，还要通过完善体制来挖掘社区文化建设的潜力，促进社区文化的自我更新与自我调适。

（三）社区文化的运作机制

社区文化运作的关键是要建立一套行之有效的文化运行机制来保障社区文化工作的正常开展和不断进步。这套机制应该包括政策保证机制、制度规范机制、资金投入机制、激励机制、递次推进的发展机制。

（四）社区文化内容

社区文化是指一定区域、一定条件下社区成员共同创造的精神财富及其物质形态，它包括文化观念、价值观念、社区精神、道德规范、行为准则、公众制度、文化环境等。其中，价值观是社区文化的核心。社区文化不可能离开一定的形态而存在，这种形态既可以是物质的或精神的，也可以是物质与精神的结合。具体来说，社区文化包括环境文化、行为文化、制度文化和精神文化四个方面的内容。

三、整合社区文化资源，建设社区文化

（一）充分发挥组织资源的作用

社区是社会的基层组织，社区文化工作属于社会基层工作。许多人特别是许多领导没有认识到它的重要意义，没有看到它是宣传先进文化的重要阵地，是推动先进生产力发展和实现广大人民群众根本利益的重要环节，也是落实以人民为中心，全面、协调、可持续性发展的重要途径。由于缺乏组织管理和制约，社区文化发展中出现的问题不能及时得到解决，严重影响了社区文化的顺利发展。因此，充分发挥社区组织资源的作用，是促进社区文化发展的关键。

1. 建立社区文化组织机构

从目前社区文化发展的状况来看，许多文化活动都是热心的

社区群众出于兴趣和爱好自发地组织起来的，不仅项目少，内容贫乏，而且存在一些消极因素，冲击着健康的群众文化。另外，由于缺乏组织管理，专职人员编制少，而且他们常常是身兼多职，没有足够精力投入社区文化的管理和建设，使社区文化的发展出现盲目性、随意性的特点。上述问题如果得不到解决，势必影响社区文化的凝聚力，严重阻碍社区文化的发展。因此，各级领导必须充分认识到这个问题的重要性，各级人民政府要把社区文化建设列入重要议事日程，切实加强对此项工作的领导。应在各个社区成立社区文化管理的组织机构，如“社区文化管理委员会”“社区群众文化管理小组”等组织。这些组织的成员就是专门负责社区文化发展的专职工作人员，他们从社区建设的高度出发，从为社区的群众服务出发，依据有关政策和法律协调社区内外的文化资源，防止文化设施被挤占和挪用，把各种文化组织、文化设施、文化活动、文化队伍统一进行组织管理，形成社区文化发展的合力。

社区文化工作只有建立相应的组织机构和配备专职干部，才能逐渐形成和完善社区文化管理的岗位责任制和工作目标责任制，使社区文化走向规范化，健全责、权、利相统一的权威性的社区文化管理组织机构。

2. 坚持先进文化的前进方向

社区文化是一个非常复杂的体系，必须要有正确的价值导向，只有以弘扬中华优秀传统文化，大力发展社会主义先进文化为主导，才能克服内容庞杂、混乱，甚至偏离社会主义精神文明建设的总体目标的状况。习近平总书记于 2014 年 10 月在文艺工作座谈会上指出，中华优秀传统文化是中华民族的精神命脉，是涵养社会主义核心价值观的重要源泉，也是我们在世界文化激荡中站稳脚跟的坚实根基。这是社区文化建设的核心问题，关系到社区文化的发展方向，必须依靠社区文化组织的管理力度和权威性才能解决。

目前，社区文化的发展还处于初级阶段，许多文化活动处于大众化的自发状态，带有一定的盲目性、低水平、低层次的特点。针对这种情况，社区文化组织应该用先进的文化引导群众，旗帜鲜明地提倡社会主义主流文化；在引进外来文化的同时，重视挖掘中华民族传统的优秀文化，做到“洋为中用”；在继承传统文化的同时，要注意取其精华、弃其糟粕，重视现代文明发展的需要，做到“古为今用”；在组织群众性的休闲娱乐活动中，注意增加科学性、知识性项目；在普及一般性的群众文化活动时，注意高雅文化活动的发展；在文化活动中注意趣味性，吸引群众的同时，要重视思想道德因素，注意用社会主义文化引导群众积极向上，保证社区文化的健康发展方向。

总之，社会主义文化是先进文化的主流，只有坚持先进的文化，才能在纷繁复杂的文化现象中不迷失方向，才能用科学的文化观念武装群众，用健康的文化活动凝聚群众，用先进文化的方向引导群众。

3. 建设良好的社区文化环境

良好的社区文化环境和文化氛围是社区文化建设的重要内容，是社区发展的必要条件，也是社区文明的显著标志。但是，它的形成不是自发的，必须有社区组织机构的管理、策划和建设，充分行使管理权力和责任，爱护社区群众的积极性，为社区文化的发展创造理想的外部条件。

社区文化环境和文化氛围是社区文化资源的“软件”，主要包括社区内的文化传统、文化风气、人文景观及社区的文化网络等。这些条件在社区文化发展中起重要作用，既可以反映社区文化的水平，又可以反映社区文化的发展方向。从目前来看，这些因素在社区发展中表现出不平衡的状态。有些文化活动的内容是健康向上的，调动了广大群众的热情和参与性，但是，也有的充斥着黄色、迷信的内容，有些文化活动偏离了以人民为中心的宗旨，而把赚钱放在第一位，在经营中有违法违纪的现象等。出现这种情况的原因很复杂，但是从总体来看，社区文化组织机构对此缺乏必要的关注和引导是其中的重要原因之一。要教育群众弘扬中华民族优良传统，树立社区正气，高扬科学的旗帜，破除迷信愚昧，对违法乱纪的行为要依法治理，使社区形成正确的社会舆论，为社区文化的发展营造一个良好的环境和健康的氛围。

（二）合理规划配置社区文化设施资源

社区文化基础设施主要是指开展文化活动所必需的"馆、站、院、室"以及内部的各种文化活动设备。它们是社区文化建设的"硬件"，是繁荣社区文化和建设文明社区的物质基础，是整合社区文化资源的重要条件。

1. 充分利用和改造现有社区文化设施

由于我国的社区建设还处于初级阶段，建设资金还不充足，因此当务之急是挖掘和利用现有的文化设备。

据了解，社区现有的文化设备许多都是近几年配置的。这些设备要有专人管理，精心爱护，及时修理，并根据具体情况进行改造和维护，这是维持文化设备生命力的重要条件。要充分发挥这些设施的功能，增加利用率，进行有计划的改进和改造。

有些社区文化设施数量少，种类单一，这种情况可以发动群众来解决。同时，要认真分析和利用现有的设备积极开展文化活动，不能等设备齐全再开展。例如，可以利用锣鼓组织秧歌队，利用一两间房屋开展科普讲座，利用楼前空地举办群众性广场文化或健身娱乐活动等。要先利用现有的物质条件打好基础，在此基础上逐渐发展。

总之，要对本社区现有的文化基础设施资源做认真分析，哪些可以继续使用，哪些必须进一步改造，做到心中有数，避免浪费和重叠。要充分利用本社区现有的文化设施开展文化活动，充分显现本社区文化的层次和内涵。

2.共建、共享社区文化设施资源

由于历史、经济、地域等多种原因，社区文化设施在数量、质量、结构以及布局上都会存在一些问题。这就需要有关部门进行协调，达到优化配置。

社区内部各单位和群众团体所拥有的文化设施不同，具有各自的特点和优势，也有不足和弱点。社区的管理组织应该对社区内的文化设施资源及社区之间的文化设施资源进行挖掘和协调。要认真分析各种文化设施的状况，沟通各主体之间的联系，帮助各个主体充分认识自己的优势和不足，有的放矢地协调各主体之间和各社区之间的关系，共同探索社区文化设施共建共享的有效形式。使大家优势互补、扬长避短，在共建共享当中达到最佳效果，最大限度地调动人们参加文化活动、建设文化设施的积极性和主动性。

3.把文化设施建设纳入社区建设的整体规划中

文化设施建设不仅是社区群众进行文化活动的场所，也是社区整体形象的显现。因此，文化设施的建设规划和实施是社区建设的重要项目，必须列入社区建设整体规划。

社区建设是城市建设的组成部分，在城市建设规划中应该统筹安排社区及其文化设施建设，并要把群众性的文化活动场所作为重点项目列入建设规划。有些城市在制订建设规划时，往往忽略了群众性文体活动场所和设施的配套，等到建设成定局时才又想起重新补建文化活动设施，此时无论建设场地还是建设资金都会面临许多困难和麻烦。因此，一定要把社区文化设施建设纳入城市和社区建设整体规划，城市新建的居民社区和一些经济开发区，必须规划和配套相应的文化活动设施，满足社区群众就近而且经常参加文化活动的需要。

4.利用现代科技设备推动先进文化的传播

城市现代化的迅速发展已经把现代科技引入城市建设和管

理系统，社区作为城市的基层单位必然也要运用现代化的管理手段。目前，我国许多城市已经将现代科技应用于社区管理，并已取得良好效果。

在社区文化设施建设中，要把社区信息管理系统纳入计划，建立和完善文化信息网络服务体系，加快网络服务平台建设，为高速发展的社区文化生活提供多样的、全面的网络服务，要把信息流、服务流、商业流等进行整合，提高资源共享的范围和水平；要有计划、有步骤地整合和开发现有的图书、音像、信息等文化资源，以发展数字文化网络为突破口，为社区群众提供快捷、丰富的经济信息和文化服务。要考虑社区一般群众的文化水平，从提高他们的学习水平和质量入手发展网络教育，普及网络应用知识，使社区居民不出社区就能了解国内外大事，就能学习到政治、经济、文化、社会生活、养生保健等更多的知识，更好地享受现代生活。

（三）调动社区文化人才资源

社区文化人才资源是社区建设的宝贵财富，是社区文化建设的主力军。挖掘社区文化人才，建设一支社区文化队伍，最大限度地调动他们的主动性和积极性，这是搞好社区文化建设的最佳途径。

1. 利用“名人效应”推动社区文化活动

城市是人口密集的地方，不仅有各个领域的专业人才，而且很容易造就一批有影响力的文化名人。这些名人在人们心中有很强的影响力，社区管理者应充分利用这种“名人效应”，开展和推动社区文化活动。

无论是管理人员还是骨干成员或是基本群众，只有不断提高自己的文化素质，才能深入开展文化活动，提高文化活动的层次和质量。因此，应该在组建群众艺术团体或队伍的基础上，聘请辖区内外的文艺界专家和知名人士担任社区文化顾问、名誉团长、艺术指导、艺术总监等职务，邀请他们参与社区文化建设，指导社区群众的各类表演和文化活动。还可以不定期地组织专业演出人员走进社区，用专业队伍带动群众业余队伍，或者定期组织社区开展大型文化演出活动，把健康的文化娱乐节目带进社区。这样，不仅可以提高社区群众的文化生活品味，而且可以营造一种专业氛围，表达社区基层群众对高层次文化的追求和向往。

2.调动社区各社会群体积极参与

社区内不同的群体从不同角度以不同的形式关注和参与社区文化建设，不仅使社区文化多姿多彩，而且可以满足不同层次人群的文化需要。社区有关部门应该关注他们的兴趣和爱好，积极支持他们成立各种文化团体，引导他们开展健康的文化活动，鼓励他们在文化活动中推举自己的召集人和组织者，爱护他们的积极性，并且要给予及时的关怀和引导。这有利于调动全社区各层次人群的文化活动的潜力和积极性，形成社区文化建设和发展的合力，使社区文化建设有更广阔、更坚实的群众基础。

第二节　社区服务建设

一、社区服务概述

（一）社区服务的概念

1986年年末民政部提出城市开展社区服务，1987年的武汉会议把社区服务工作推向全国，第一次提出了“社区服务”这一科学概念。从此，我国社区服务建设迈向了第一步。

目前，对社区服务的含义有着多元界定，概括起来有狭义与广义之分。所谓狭义的社区服务，是指在政府的倡导下，为满足社区成员的多种需求，依托街道和居民委员会，发动社区各方面力量开展的具有社会公益性质的居民服务业。所谓广义的社区服务，是指在党和政府的主导下，以社区为依托，动员各方力量，利用各方资源，直接为社区广大成员提供福利性、公益性和便民利民性生活服务，以不断满足社区成员日益增长的物质文化需要的过程。党和政府所认同的社区服务是指广义的社会服务。

（二）社区服务的特点

从广义的社区服务的概念界定中，现代社区服务显示出如下几个特点：

1.现代社区服务集福利性服务与经营性服务于一体

福利性、公益性是社区服务的最本质特征和最基本的属性。这是相对于经营性而言的，社区服务是把社会效益放在首位，以满足社区成员的基本物质与精神生活为目标；在服务对象上也是首先着眼于弱势人群；在服务方式上以实行低偿或无偿服务为主。同时，面向普通居民群众和企事业单位、机关团体的社区服务则以有偿服务或者经营性服务为主体，这是我国现阶段建设和谐社区的一种合理适情的选择。

2.现代社区服务集多元化服务与地域性服务于一体

现代社区服务的多元化主要取决于社区成员构成及需求的多样性。就服务内容来说，现代社区服务既包括为弱势群体等特定群体提供的最低生活保障、残疾人康复、老年照顾、再就业等服务，又包括为普通民众提供的特定内容的服务，如家政服务，以及为机关团体、企事业单位提供后期保障服务等。

现代社区服务的地域性主要表现在四个方面：第一，社区服务是依据某社区成员的意愿与需求，开发利用该社区资源，为该社区提供多元化的服务，其解决的是本社区的问题；第二，社区服务活动的主体是某社区内的居民、单位和群体、组织；第三，社区服务活动的范围主要局限于该社区之内；第四，社区服务受该社区的地理环境、文化条件、人口状况等要素的影响。

3. 现代社区服务集城区、街道和居委会三层服务于一体

现代社区服务主要是依托居委会、街道和城区三级辖区共同体和三级法定社区组织开展起来的。

居委会、街道和城区各个层次的社区服务存在各自的优势和缺点，能够实现互补。街道办事处和居委会作为社区服务的组织者，其共同体也自然成为社区服务的主要操作者；城区为前两者提供经济、行政和法律上的支持、指导以及社区服务的示范作用。

4. 现代社区服务集自我服务与互助性于一体

在一定意义上说，社区服务是一种群众自我服务的形式，也就是说，群众的事情群众自己办，社区服务既依靠社区居民群众，又服务于社区居民群众。社区服务的互助性则主要体现在政府倡导组织社区居民开展互助服务。群众既是参与者，也是受益者。

（三）社区服务的对象和内容

社区服务是一项动态的服务事业。最初社区服务是在居民对福利服务的需求远远超出了政府的服务提供能力，而通过开发社会服务的潜力以弥补政府提供服务不足的社会背景下发展起来的。随着我国经济和社会的不断发展，社区服务的对象正在日益扩大。

社区服务的对象是指开展社区服务的指向人群，概括地说包括社区的特殊群体和一般居民。

1. 特殊人群

特殊人群包括弱势群体、优抚对象和边缘人群。所谓弱势群

体，是指那些因主、客观原因导致政治势力小、经济条件差、社会地位低、心理高度敏感，在社会竞争中处于不利形势的人群，如孤残人、老年人、未成年人、妇女、最低生活保障对象、失业人员等；所谓优抚对象包括现役军人家属、革命伤残军人、复员军人、因公牺牲军人家属、病故军人家属、现役军人家属、军队离退休干部等；而边缘人群是指那些因为社会流动或者社会越轨而导致不适应社会的人群，如外来人口、社会越轨人群等。

2. 一般社区居民

一般社区居民是指不分年龄、性别、婚否、文化程度、职业、生活方式、个性偏好，只要是本社区的居民都属于本社区服务的对象。

三、完善社区服务建设的途径

（一）尽快完善社区服务功能

社区服务具有满足内部需求功能、社会整合功能、社会参与功能以及社会稳定功能等。社区服务只有充分显现其功能，才能在城市管理中发挥作用，这就要求必须创造一定条件，使社区服务功能全面转换。

1. 社区服务观念的更新

社区和谐是社会和谐的基础，健全社区服务体系，强化社区自治和服务功能是社区和谐的基础。随着经济社会的快速发展、社会结构快速转型，社区日益成为社会成员的集聚点、社会需求的交汇点、政府社会管理的着力点和党在基层执政的支撑点。构建以社区为重点的基层社会管理和服务体系已成为加强社会建设和创新社会管理的当务之急，使社区服务工作面临着新的形势和新的要求。社区服务要想适应这种新的形势，跟上时代的步伐，就必须更新服务观念，在思想意识上认识到城市的发展不仅需要现代化建设，还需要现代化的管理和服务。管理寓于服务之中，并通过服务表现出来。因此，必须在新的社区服务观念指导下，尽快完善社区服务功能。

2. 社区服务人才队伍的完善

社区服务人才队伍是社区管理服务的依靠力量。建设一支以社区党组织和社区自治组织成员为骨干，以社区专职工作人员为重点，以政府派出人员、其他社区服务从业人员和社区工作志愿者为补充的社区服务人才队伍，既是社区服务体系建设的重要内容，也是确保社区各项工作任务如期完成的坚强保障。完善社区服务人才队伍具体举措应包括以下四个方面：一是制订社区服务人才队伍培养发展计划；二是充实壮大社区居民委员会干部队伍；三是积极推进社区服务人才队伍专业化、职业化；四是建立和健全社区服务人才培养制度。

3. 社区服务内容和形式的多样化

要完善社区服务功能，必须不断丰富社区服务内容，满足社区群众多层次、多样化的需求。从目前社区服务的状况看，社区服务发展还不平衡，多数城市社区的服务内容比较贫乏，形式也很单调。除了提供打扫卫生、钟点工等简单的家庭服务外，很少有其他比较复杂的家庭服务，根本无法满足各种年龄和各种层次的人群的需要。

社区服务组织要把社区居民的各种需要作为社区服务的全部内容，不断开拓新的领域，使服务内容系列化，服务形式多样化。把原来的政府民政服务向社区延伸下移，把“单位”服务向社区服务转化，使中介服务不断向社区居民拓展。在保障为各类弱势群体提供福利性服务需求的同时，努力开拓面向全体社区居民和为社区各单位提供的劳动就业、社会保障、社会服务、医疗卫生、计划生育、文体教育、社区安全、法制宣传、法律服务、邮政服务、科普宣传、流动人口服务管理等项目，以便提高有偿服务的比重，为社区服务的再发展创造经济条件，从而逐渐发展和完善社区服务功能。

4.社区服务态度的改善和质量的提高

良好的服务态度和高质量的服务，不仅会拉近服务人员和群众的距离，加深相互之间的感情，使社区服务具有广泛的群众基础，而且能提高社区服务的信誉，促进社区服务的发展。

由于我国城市社区服务功能还不完善，特别是服务队伍的整体素质有待提高，社区工作专业人员和技术人员占社区管理人员的比例还很低，因此社区服务的态度和质量都不理想。一些社区的服务设施不能被充分利用甚至闲置，服务方式不为居民接受；有的服务项目没有实质内容，流于形式；还有的服务人员缺乏服务观念，损害了社区服务的声誉，引起社区群众的反感甚至对立情绪。这些问题不解决，势必影响社区服务功能的完善。因此，社区有关组织必须在社区服务的实践中不断改善服务态度，提高服务质量。

总之，只有达到上述综合条件，社区服务才能真正满足社区内部的各种需求，调动社区群众广泛参与的积极性，发挥社区的整合作用和促进社会稳定，实现社区服务功能的全面转换和逐渐完善，使社区服务有全面性、突破性的进展，以适应社区建设和城市现代化迅速发展的客观需要。

（二）提高社区服务基础设施承载能力

社区服务基础设施建设是开展社区服务时所需的场地、房屋和各类设备的总和，是社区服务能力的物质基础和社区服务体系建设的重要内容。只有搞好基础设施建设，才能使社区从无形变为有形，才能使社区服务的各项活动找到依托。如果连基本的基础设施都不能得到保证，社区服务功能就不能有效发挥，社区建设的各项任务也不可能落实。

1. 社区服务基础设施建设要有总体规划

社区服务基础设施建设是一项复杂而艰巨的工作，不是一蹴而就的。它要求有关部门和领导有认识、有决心，又要有总体规划和具体措施。总体规划和具体措施应该根据本社区服务设施的基础情况而定，如有的社区基础条件差，从无到有、从小到大要有一个渐进的过程，有的社区原来的基础好，就可以锦上添花等。不论哪种情况，社区服务基础设施的建设规划都要立足于为社区居民服务，要关注居民需要，方便居民的生活。各级领导要把社区服务基础设施建设纳入社区整体规划和城市建设发展规划，作为城市改造和社区建设的重要组成部分，做到建设有规划，项目有资金，实施有位置，行动有落实。

2. 社区服务基础设施建设途径的多样化

社区服务基础设施建设的总体目标要有计划、有步骤地完成，但是建设的途径或者方式是多样化的。要根据本社区的实际情况因地制宜，认真调查、分析基础设施的现状，充分利用社区现有的设施，挖掘社区闲置设施和利用率不高的设施，经过改造和整合达到为群众服务的目的。此外，还可以协调各单位的设施，贯彻共驻共建、资源共享的原则。在此基础上，要结合人力、物力、财力各方面情况，新增设社区关注居民需求的各种设施。总之，要通过改造、置换、帮建、共建、共享等多种途径，解决社区服务的基础设施问题。

3. 抓好社区基础设施示范工程

在社区建设的实践中各社区都在动员社会力量，想办法拓宽社区服务基础设施建设渠道。但是，必须看到这是一项很复杂、很艰巨的工程，面临许多困难，如何创造条件、克服困难，兴办社区基础设施建设是社区建设中的重大课题。在实践中，要积极鼓励在这项工作中做得好的社区总结和宣传工作经验。榜样的力量是无穷的,要以先进典型、示范工程来推动各社区的基础设施建设,以便加快进程,少走弯路。

总之,搞好社区基础设施建设,不仅为社区建设奠定了必需的物质基础,也为增强社区服务的承载能力,为社区服务向高层次、高质量方向发展和完善,创造了良好的物质条件。

(三)合理调动和发展社区服务资源

要完善社区服务,发挥社区服务的功能,必须挖掘和调动社区的服务资源,这是发展和完善社区服务的重要动力。

1. 科学理解社区服务资源调动机制

由于我国市场经济的迅速发展及其对整个社会生活的影响日趋加强,许多人主张通过社区服务引入商业化机制来解决社区服务所需要的资源,即主要用经济手段来解决社区服务的资源问题。但是,无论从实践上讲,还是从理论上讲,社区服务都是从属于社会保障制度的,具有福利性的特点。社区服务的福利性越强,它的社会功能发挥得也就越完善。从现实来看,社区服务不同于一般意义上的市场营销活动,它要达到的目标之一是社会福利。而完全按市场机制运作的一般的社会服务达到的则是经济效益目标,这样就会忽略其社会福利目标,也必然会轻视对社会福利性资源的调动机制。因此,如果把社会服务资源的调动完全市场化,其结果必然与社区服务的初衷和目标相背离,这是发展社区服务必须重视的一个问题。同时,我们必须看到,城市社区服务属于第三产业的组成部分,它在发挥社会服务功能的过程中需要消耗许多人力资源、物力资源和财力资源,要想使社区服务有旺盛的生命力,必须保持这些资源的可持续发展。要想解决这一问题,仅仅依靠有关部门的无偿投入是不可能的,必须依靠社区服务的内在因素,这就需要社区服务在某些项目上进行有偿服务,以保持社区资源的不枯竭,推动社区服务不断发展。

2. 充分发挥政府在调动社区服务资源中的作用

在社区服务资源的调动中，还必须看到政府的重要作用。社区服务的兴起源于承担政府转移到社会的一些职能，使政府由原来的"包揽一切的全能政府"放下重负，逐渐发挥起指导协调的作用。政府管理权力的下移并不是甩掉不管，只是管理的角色和方法发生了变化。从长远来看，坚持以政府投入为基础的福利性的资源调动方式，是我国未来在市场经济条件下坚持社区服务的福利性目标的重要保证。另外，当前对于社区内外其他社会资源的调动，也离不开政府的协调和沟通，所以社区服务不是要削弱政府的职能和作用，而是要进一步发挥和强化政府的功能。只有这样，社区服务才有原动力和生命力，才能最大限度地发挥基层社区的社会整合功能和稳定的作用，逐渐走向规范化、社会化、完善化。

总之，社区服务伴随着社区建设的发展充满了活力，是具有广阔前景的"朝阳"事业。如何进一步发展社区服务，既是一个实践问题，又是一个理论问题，需要人们在社区建设和管理的实践中不断总结和探讨。但是，必须坚信随着经济的发展和社会的进步，人们对社区服务的需求还会继续上升，会为社区服务的发展不断创造新的机遇和提供广阔的前景。

第三节　社区社会保障

社会保障作为一项公益性事业，既是保持社会稳定和促进经济发展的必要手段，也是政府发挥其维护社会公平职能的基本方法，还是关系到全体社会公民安居乐业的政策工具。城市社区社会保障，简称为"社区保障"，是社会保障体系的组成部分，也是社会保障在社区的具体体现。因此，建立和完善社区的社会保障制度，既是社会发展进步的必然趋势，也是文明社区的重要标志。

一、社区社会保障概述

（一）社会保障的含义

社会保障是政府或社会根据一定的法律和法规，对社会成员因年老、失业、伤残、疾病、死亡等原因或其他意外事故和自然灾害造成的丧失劳动能力或丧失就业机会，而使生活面临困难和障碍时，通过国民收入分配和再分配，提供物质帮助和社会服务，保障社会成员的基本生活需要，以维护社会稳定的一种社会安全制度。可见，社会保障是随着社会经济的不断发展、生产社会化程度不断扩大而产生的，是社会工业化、现代化的产物，也是社会文明的重要标志。

1. 社会保障需要通过国家立法实施

社会保障是由国家建立与组织的一种社会制度，它之所以需要国家通过立法来实施，是因为任何社会总有一部分人由于先天或后天的身心缺陷、天灾人祸而暂时或永久丧失劳动能力，总有一部分人由于老、弱、病、残、伤而陷入孤独贫困。对于这些人的抚养救助，在农业社会主要靠家庭、亲朋、邻里的互助互济。进入工业化社会以后，人与社会、人与人之间的关系比较复杂，人们的生老病死、伤残及生活的困境越来越受到社会的影响和制约。社会保障所要解决的都是社会问题，为了社会的稳定和发展，需要国家通过法律和法规明文规定，使各项社会保障措施法律化和制度化，以便顺利实施社会保障制度，保障社会公民的基本生活权利。

2. 国家是社会保障的主体

社会保障是国家的职能和行为，是任何一个国家都具有的一项福利性政策。对社会实行生活安全保障，必须借助于社会的力量，但这项基金是通过国民收入的分配和再分配形式得以兑现的，因为只有国家能担任国民收入分配和再分配的责任主体。各国的经验证明，社会保障制度作为生产社会化的产物，从它的建立、发展和不断完善，都是由政府直接参与，建立必要的管理机构，制定方针政策，通过国家立法加以保护，使其成为国家和社会的一种责任和制度。因此，社会保障是一种在国家制定或政府介入的前提下，对于一定社会关系进行调节的制度。

3. 社会保障的对象是全体社会成员

社会保障的基本目标是保障每一位社会成员的生活安全，每一位公民都有可能因为社会风险而成为受益人。有人认为社会保障的对象仅仅局限于聋哑伤残，这是片面的。聋哑伤残是不幸者，应该得到社会的爱护和帮助，这是理所当然的。但是，这些人只是社会中的少数人，只有保障全体社会成员的基本生活权利和需要，为全体社会成员提供安全保障，这才能充分体现社会保障的价值。因此，社会保障制度保证了当某一位社会成员由于各种原因而陷入生活困境时，有享受政府和社会的关怀、帮助及平等生存的权利，体现了社会的公平性。在社会保障方面，我国社会保障体系基本建立，制度体系不断完善，覆盖人群迅速扩大，已经建立起世界上最大的社会安全网。扣除学龄前儿童和在校学生，应该覆盖约 10 亿人，截至 2017 年 10 月已经覆盖超过了 9 亿人、覆盖率超过 90%。[①]

4. 社会保障的物质基础来自一定时期的国民收入

社会保障以国家财政为基本的经济后盾，其资金来源既有政府财政的部分，也有企业或个人缴纳的部分。其中，包括社会成员具有劳动能力时，为国家和社会创造财富的同时为自己和他人提留了各项福利准备基金，这项基金通过国民收入的初次分配和

① 尹蔚民. 建立起世界上最大的社会保障安全网[N]. 光明日报，2017-10-23.

再分配形式得以兑现。国民收入经过初次分配，形成国家、企业或集体和个人的原始收入；在此基础上，进行国民收入的再分配，通过国家财政预算，把集中起来的货币基金，再分配到生产部门和非生产部门中。其中，包括积累和消费基金两大部分，而社会保障基金属于社会消费基金的一部分。对受保障者而言，社会保障是对劳动者劳动力价值的再补偿；对因为各种原因而未从事过劳动的社会成员（如残疾人）来说，则是社会互助互济行为的体现。

5.社会保障的根本目的是稳定社会关系

从表面上看，社会保障是政府对个人的一种金钱或物资的发放或施舍，是国家履行确保社会成员生活权利的一种责任。这仅仅是一个方面，更重要的是，通过社会保障这种制度，使人们在由于各种原因身处逆境时能免去后顾之忧，保证其基本生活条件，使其能正常地生活，进而达到有效地调节人们的社会关系，使全体社会成员都享有生活安全保障，使人与人之间、人与社会之间处于协调发展状态，使整个社会和谐稳定，以保证社会的有序运行和经济的稳步发展。

总之，社会保障是国家或社会依法而立的，通过社会的共同努力对陷入生活困境的社会成员给予一定的物质利益，保证全体公民的基本生活权利，是具有福利性的国民生活保障和社会稳定系统。

（二）社会保障的特点

社会保障作为一项社会安全机制，是从早期工业化国家的济贫法开始的，经过几百年的发展，现在已经形成了比较完整的体系，成为一个国家社会经济制度的重要组成部分。尽管各个国家的经济、政治、文化背景不同，对社会保障理解的角度和操作方式都有区别，但社会保障作为一项制度的建立和完善是人类社会进步的表现，是人类文明的重大发现。社会保障具有如下几个特点：

1. 全民性

所谓全民性，是指任何一个社会都有社会保障问题。社会保障是为全体公民的基本生活权利提供安全保障，是全体社会成员都可以享用的权利。不分贵贱贫富、男女老幼、职业及社会地位，所有成员在一定条件下都是社会保障的受益者，都能得到不因特殊事件的发生而陷入生存困境的保证。社会保障涉及每一位社会成员的切身利益，具有全民性群众基础，是全体民众普遍关注的社会问题。民众往往把社会保障制度是否完善和实施的好坏作为评价一个社会文明程度和人民生活水平高低的标志，把它作为评价一届政府业绩的标准，这一点是全体社会成员公认的。

2. 强制性

社会保障是政府的职能和行为，需要通过立法加以保护，依法实施，或者通过有关政策保证，体现出其强制性。许多国家的法律都规定了国家公民的经济权利或者公民获得物质帮助的权利，这标志着法律意义上的社会保障制度已经形成。可以说，社会保障既是一种社会经济制度，也是一种法律制度，是一种法权体系。社会保障实质上是国家与公民、社会与其成员之间的一种合理关系，这种关系表现出的是一种权利和义务，即法权关系的现实形态。在经济领域，国家作为权力主体有为公民个人提供经济帮助的义务，而公民个人，特别是那些基本生活需求得不到满足的公民，享有获取国家提供物质帮助的权利。但是必须看到，国家作为社会保障实施的主要义务承担者并不是唯一的义务角色，社会及其成员也负有使每一个社会成员“继续生存下去”的责任和义务。与此相对应，公民个人在实现自己的经济权利的同时，必须顾及国家的利益，即在自己能劳动时为国家和社会创造物质财富，为自己和他人提留一定的各项福利准备基金。因此，只有通过立法规定有关部门和个人的权利和义务，社会保障才更有可行性。

3.福利性

社区保障的福利性表现为各个环节都不以营利为目的，无偿地给予被保障对象一定的生活补贴、物质文化待遇或生活照顾。例如，发放一定数额现金作为基本生活费用，或者无偿提供医疗护理、伤残康复、职业培训、职业介绍以及其他生活照顾等方面的福利性服务。这些社会保障经费并不由被保障者个人直接支付，主要来自政府财政、企业和个人缴纳三部分。社会保障的福利性特征充分体现了国家或社会的综合实力，也充分体现了个人、家庭、国家、社会在物质和道义上承担的责任以及责任层次和责任分工，具有明显而直接的社会经济意义和社会道德价值，最能突出地显现社会的人道主义精神和文明程度。

4.互济性

所谓互济性，是指人们在社会生活中互相帮助、互相接济，包括自发的互助行为和直接为参与者的利益合作。它表现为当社会成员具有劳动能力并为社会创造财富时，在自己所获得的经济报酬中，每月或每年都向社会缴纳一部分定额的保险金，这些保险金既为本人以后遇到意外事件积蓄保障基金，也为其他社会成员解决临时困难或保证最低生活水平提供储备资金。全社会的成员都以同样方式为社会积蓄保险基金，每一位社会成员的一生都处于为社会、为他人提供物质帮助或创造条件，同时享受他人为自己提供的物质帮助的互助互济过程中。有了这些基金的积累，政府或社会就可以实现对少数遭遇困境的居民及其家庭给予帮助和补偿。同时，利用各种形式，挖掘民间资源，为社会弱势群体和有关成员提供援助，表现出“有钱出钱、有力出力”的同舟共济的特点。

（三）社区保障的作用

社区保障作为社会保障的重要组成部分，是社区承担或实施的社会保障工作。它以国家的社会保障制度为基础，以社区居民作为社会保障对象，以保障居民的基本生活权利和需求为根本任务，对人们的安居乐业，对经济的发展，对社会的稳定和进步有重要作用。

1.社区保障是落实国家社会保障任务的基础

随着我国社会保障制度的改革以及社区建设实践的不断深入，社会保障的社会化趋势日益突出。社区作为基层社会的组成部分，不仅成为国家社会保障任务的落实者，而且成为社会保障运作的主体。特别是最近几年，社会保障事业在社区迅速发展起来，社区作为我国社会保障制度的基本落脚点，已经开始承接并操作越来越多的社会保障具体事务。例如，社会救助的实物帮困，最低生活保障的申请、审查和发放，优抚对象的定期抚恤，医疗保险和职业介绍，为老年人服务的福利措施的落实，以及开办安置残疾人就业的福利工厂等，几乎全部落实到社区完成。社会保障工作的内容在社区工作中占有重要地位，社区已经成为落实国家社会保障任务的运作主体和基础。

2.社区保障能弥补各种非政府组织保障职能的薄弱环节

我国的情况与发达国家不同，还不能把国家所掌握的财力主要投向教育、科学、文化以及社会福利和保障部门，所以用于社会福利、社会保障方面的投入相当有限。而且，在深化改革的过程中，非政府的社会组织和中介机构至今在数量和质量上均不能适应社会职能的分化，也无法全部承接从政府和企事业单位剥离出来的那部分社会职能，包括落实社会保障的职能。在这种情况下，社区在社会保障体系中的地位和作用就凸显出来。社区不仅要承担政府和企事业单位剥离、分化出来的那部分社会管理、社区服务的职能，而且要暂时弥补各种非政府组织和中介机构发展不完善的缺陷，从而代替这些社会组织和中介机构承接一部分社会保障的职能，如提供医疗护理、伤残康复、职业介绍、技能培训、养老金管理以及生活照顾方面的福利性社区服务等。

3.社区保障能调节人们的关系,缓和社会矛盾

老弱病残者和失业者等都属于社会中的弱势群体,对这些弱势群体的关照和救助,既是保证他们生存的基本需要,也是社会进步和文明的标志。在我国经济体制改革的过程中,这些弱势群体从原来依附于固定的单位保障,逐渐向社区集中。这就要求社区工作者根据社会保障政策和法规,积极稳妥地解决这些问题,通过各类保险业务、福利事业、医疗服务、养老金、伤残抚恤金、社会救济、职业培训等,使社区居民不因为衰老而无所依靠,不因为失业而无法生活,不因为贫困而威胁生存,不因为残疾而失去自信和自尊等。这样,社区保障工作不仅应保证他们有一定的经济来源,维持其一定的生活水平,而且使他们有安全感,感到国家和社会对他们的关爱和帮助,体验到社会的公平和正义。它产生的社会影响是巨大的,减少了社会的纠纷和冲突,还会使全社会的人解除后顾之忧,积极投身社会主义现代化建设中,显示出社会主义制度的巨大优越性。

4.社区保障能发挥稳定机制的作用,促进经济繁荣

经济是社会存在和发展的基础,经济建设是国家一切工作的中心。但是,经济正常、高速的发展,必须有相应的社会发展,有适当的社会保障作为必要条件。否则,经济的发展就会出现畸形,甚至出现社会失调和社会失控。因此,要保证经济的稳步发展,以促进社会的进步,必须建立和完善与本国实际相适应的社会保障制度。社区保障作为基层社会自我调节的手段,通过国家政策,保障社区居民的基本生活权利,在一定限度内减弱了社会产品分配不均等现象,达到调适社区社会关系中各种矛盾的作用。同时,与经济发展这一动力机制相配合,营造良好基层社会的经济环境,减少和消除阻碍或破坏经济发展的各种因素,保证经济的正常发展和繁荣,以共同促进整个社会的全面发展。

二、社区社会保障对象的构成

（一）社区社会保险

社区社会保险对象包括基本社会保险和补充社会保险两类对象。基本社会保险对象的认定是依据国家社会保险法的相关规定进行的，其中社区主要是对本社区基本养老保险、社区社会救助、社区社会福利、社区优抚和社区互助对象提供服务。

（二）社区社会救助

社区救助对象主要包括两个组成部分：一是民政部门规定的社会救助对象，也就是说，这些对象的申请条件和救助标准是由政策所规定的，社区的职能是执行和实施救助；二是属于社区性的社会救助，即由社区通过各种渠道筹集资金，设立社会救助项目（基金），其相应的救助对象由社区自己规定和确认。

（三）社区社会福利

社区福利是社区社会保障中的最高层次，主要对象是社区的全体居民，在对象认定上比较简单。具体如下所述：

（1）为老服务。其服务对象是本社区的老年人。

（2）再就业服务。其服务对象是本社区的下岗人员、待业人员以及失业人员。

（3）文化娱乐。其服务对象是全体社区居民。

（4）便民利民服务。其服务对象是全体社区居民。

（5）医疗服务。其服务对象是全体社区居民。

（6）残疾人服务。其服务对象是本社区的残疾人。

（7）公共卫生服务。其服务对象是全体社区居民。

（8）治安与民事调解。其服务对象是全体社区居民。

（9）教育服务。其服务对象是全体社区居民。

(10)青少年、儿童服务。其服务对象是本社区的青少年和儿童。

(四)社区优抚

社区优抚对象又分为在社区中的国家保障制度规定的社会优抚对象和社区性优抚对象。国家抚恤和群众优待简称"社会优抚",它是社会保障制度中特殊的组成部分,根据中华人民共和国《军人抚恤优待条例》第二条的规定,优抚对象主要包括中国人民解放军的现役军人、革命伤残军人、复员退伍军人、革命烈士家属、因公牺牲军人家属、病故军人家属、现役军人家属。

社区本身可以成立一个拥军优属性质的保障基金,基金的目的是对辖区内的中国人民解放军(含中国人民武警部队)立功的现役军人进行奖励;对在参加拥军优属工作中的先进单位、群众团体和个人进行奖励;对在生活中有特殊困难的优抚对象给予资助。

(五)社区互助

社区互助有两种方式,一是结对帮困,二是建立社区医疗互助基金。

结对帮困是指通过动员社区志愿者和社区内的困难对象结成对子,对他们在经济上、生活上和精神上进行扶助的一种社会互助形式。在结对帮困对象的认定上,一般是先由社区对家庭进行调查,在全面了解和分析居民情况的基础上进行分类,然后对困难对象建档发卡,最后根据志愿者的不同情况,安排不同类型的困难对象。

社区医疗互助基金的保障对象是户口在本社区的居民,身体健康(以往未患过规定的重大疾病),均可依据自愿原则,通过向所在社区劳动保障管理组织提出书面申请参加医疗互助。这里的重大疾病的范围可以参照国家医疗保险的相关规定。

三、社区社会保障的实施和完善

（一）以社区为基础推进社会保障服务社会化

我国现行的社会保障制度体系是以社会保障制度为核心，辅之以社区服务为代表的社会福利服务和针对最困难群体的社会救助制度。许多城市在发展中引入市场机制，突出社区的作用，走出一条社区化的社会保障之路。我国正在建设具有中国特色的社会保障体系，这是一项长期而艰巨的工程，其中一项重要内容就是实行社会保障社会化管理。

1. 社区保障是社会保障社会化的发展方向

我国为了加快社会保障体系建设，制定了一些重要政策和措施，其中一项重要内容就是要实行社会保障社会化管理，这就是社区化的社会保障。要做到这一点，必须逐渐建立真正独立于企事业单位之外的社会保障体系。企事业单位只履行依法缴纳社会保险费的义务，不再承担发放基本社会保险金和管理社会保障对象的工作。要使退休人员、失业人员与企事业单位脱钩，由社区组织统一管理，实行社会保险社会化发放。

社会保障管理和服务的社会化工作，应当以街道办事处、居民委员会和社区组织来做。因此，社会保障管理服务社会化的发展趋势和方向，就是向社区延伸和拓展，逐步改变过去主要以企业和行业为主的管理模式，以社区为基础，承接社会保障领域的许多工作。例如，对退休人员的管理服务问题、下岗和失业人员的管理及再就业问题、劳动力市场信息的传递问题、职业培训等，这些工作都要向社区延伸和转移。

2. 社区是实施社会保障制度的落脚点

社区作为城市的基层组织，是城市各项工作的基础和起点，必然是社会保障制度的基本落脚点。在实施社会保障工作社会化的过程中，社区要落实社会保险、社会救助等实际工作，要为社区居民提供关于保障、安全、生存和发展方向的福利性服务。需要指出的是，社区化社会保障是国家现行基本社会保障的补充，而不是代替。它的指导思想是，努力把社会保障的基础建立在社区，以关注民生为重心，不断提高社区居民的生活质量和改善居民生活条件为宗旨，以保障社区地位稳定为目的，扩大社会保障范围，实现对社会保障对象的国家、社会、群众三结合的保障管理，从而建立社会保障工作新的组织体系。它不仅要发展和开拓社区服务项目和工作，而且要把社会保险、社会福利、社会救助等融进社区，还要发展社区教育、社区文化、社区环境保护、社区卫生、体育等各项事业，进行全方位的社区建设。只有这样，社会保障工作才能在社区扎根和发展，做到工作有目标、管理有机构、行动有队伍、落实有群众，并以此为依托，推进社区化社会保障管理服务的发展进程。

（二）明确社区组织职责，落实社区保障工作

社区保障工作是社会保障管理社会化发展在社区的延伸和拓展，它离不开政府和企事业单位的社会背景。因此，社区不能包揽一切，而只能从服务和管理的职能方面完成分内工作。

1. 建立居民生活最低保障档案

建立城市居民最低生活保障制度是社会保障体系的重要内容，也是目前社区保障的重要工作。据统计，截至 2017 年年底，全国共有 1264 万人享受城市居民最低生活保障待遇。[①] 这些人属于弱势群体，对社区的依赖性最强，是社区管理和服务关注的重点人群。

（1）准确建立“低保”居民档案。我国从 2004 年起就在城市

---

① 国家统计局. 中华人民共和国 2017 年国民经济和社会发展统计公报［Z］. 2018-02-28.

特殊困难群体中推广完善"分类施保"。"分类施保"的对象包括身患大病、重病、严重残疾者及其子女以及单亲家庭等。各地在发放低保金上一般向这些家庭重点照顾对象适当倾斜，以切实保障他们的基本生活。我国将根据实际情况，陆续出台各地"分类施保"的具体办法，把"分类施保"作为健全和完善城市居民最低生活保障制度的重要内容。社区有关部门要在深入调查基础上确立各类低保对象，并做到详细登记，建立档案。在管理中要做到底数清、情况明，符合"低保"条件的居民都要建立保障档案，存入电子档案中，实行科学的动态管理。

(2)将无劳动能力者纳入常年"低保"管理。对无生活来源、无法定赡养人、无法定扶养人等居民，要特别关心和照顾。要经常走访调查，与他们建立密切联系，了解他们的处境和困难，将他们的衣、食、住、行的具体需求纳入社区常年的管理之中。要发动社区内的志愿者服务队伍为他们服务，建立募捐站，把社会捐助的资金和物资全部纳入保障资金之中。

(3)对残疾人要特殊关照。要认真了解他们的身心和生活状况，针对不同情况采取不同的保障政策。在社区内或者与有关单位联合，建立医疗康复站，开设有关的福利服务项目，为有能力工作的残疾人提供就业渠道，尽力为残疾人创造正常的生活条件。

(4)严格按"低保"标准落实社会保障政策。在落实"低保"政策的过程中，对不符合享受"低保"待遇的家庭要做细致的思想工作，动员他们顾全大局，想到和照顾其他更困难的人，自觉地不申请"低保"或者退出"低保"。目前，有些城市明确规定了可以享受"低保"或者不能享受"低保"的条件，这些规定都是针对本地区的具体情况而定的，具有现实根据和实施的可能性，社区保障工作人员在管理中要认真学习，参照执行。

2. 在社区内建立养老保险保障体系

老年人是对社区依赖性最强的群体，他们的衣、食、住、行、健身、医疗、文化娱乐等活动都基本在社区内进行。因此，老年人是社会保障服务的重要对象。

(1)建立社区老年人档案。社区老年人档案的内容应包括个人自然状况、原工作单位及工资情况、医疗保健状况、养老金发放管理等。此外,还要了解他们的现状和需求,对于需要提供特殊服务的老人,要建立特殊档案,提供特殊服务。要经常走访调查,保障档案的真实性。

(2)工作细致、准确无误。社区相关工作人员要与社会养老保险公司及有关单位密切配合,掌握养老保险基金的具体情况,明确社区组织在这个问题上的职责,把社区所负责的工作做到准确无误,让老年人放心、省心、开心。

(3)积极组织助老、养老服务活动。社区相关工作人员要组织社区各种力量、志愿服务者关心老人,帮助老人。更重要的是,要调动老年人自身的积极性,组织各种有利于老年人身心健康的活动,丰富他们的晚年生活,体现他们自我教育、自我管理、自我服务的"自治"精神。

3.加强对优抚对象的关照和管理

随着社会改革的深入,民政工作逐渐走向社会化,原来属于民政部门的优抚工作向社区延伸,成为社区保障工作的重要内容。

(1)深入实际了解真情。在工作中要深入社区群众,认真调查研究,掌握优抚对象的真实情况,了解他们过去、现在的生活和工作状况,将第一手资料输入计算机中,建立电子管理档案,进行科学管理。

(2)依法保障优抚对象享受各种待遇。社区相关工作人员要随时向上级部门汇报优抚对象的情况,掌握他们应享受的各种待遇,协助民政部门做好"双拥"工作。为本社区内的优抚对象充分享受国家的保障待遇创造条件,及时准确地为他们发放国家的保障资金。

(3)帮助他们解决实际困难。在了解真实情况的基础上,真诚地帮助他们解决各种困难。对于有特殊困难的优抚对象,特别是由于各种原因陷入生活困境的群众,更要特殊关注和照顾,要为他们重新走上工作岗位、走出困境提供一切方便条件。

4.做好下岗职工和失业人员的福利保障工作

下岗职工和失业人员离开工作岗位之后,大都回归到其所生活的社区。他们不仅属于贫困人群,也是城市社会管理工作和社区保障工作的重点。

(1)对下岗职工和失业人员进行登记。对于下岗职工和失业人员,社区管理人员要及时了解他们原来的就职情况、职业技能、经济收入和生活情况,按国家规定的标准,做到“应保尽保”,让他们享受城市居民最低生活保障待遇。特别是对于国有企业下岗职工,要积极帮助他们由基本生活保障向失业保险和最低生活保障并轨。

(2)帮助下岗职工和失业人员转变就业观念。社区管理人员要鼓励下岗职工和失业人员面对社会现实,适应社会发展,转变“等、靠”的旧观念,树立自谋职业的新观念,转变“再就业不如吃低保”的旧观念,主动退保选择再就业。根据他们原来的职业或技能,鼓励他们发挥自身潜能和社会服务意识,通过竞争实现再就业。

(3)为下岗职工和失业人员再就业提供准确的信息。社区管理人员要与其他社区以及社会有关部门联系,为下岗职工和失业人员开拓广阔的就业领域,并根据职业需要为他们创造优惠条件。例如,免费参加职业技能培训,以及享受免税和减税政策等。总之,要结合社会保障管理服务社会化的需要,找准社区就业工作的依托点。

(三)以社区服务为龙头,完善社区保障体系

社区保障是依据国家和地区的社会福利政策和居民实际生活标准,通过社区组织和居民共同参与,为满足社区成员的物质

文化生活的需要，围绕各项社会福利事业和社区居民开展的社会保障活动。因此，社区保障只有依托社区，以社区服务为龙头，才能不断完善和发展。

1.社区服务是维持保障对象基本生活的依托

社区保障既然有福利性的特点，它就必须依托社区服务保障社区成员的基本生活。从社区保障的对象看，无论是老年人、贫困人群，还是优抚对象、下岗职工和失业人员，他们的日常生活都不是孤立的个人行为，涉及家庭、社区、单位、政府等多层次的互为补充和互动的社会保障关系。社区组织通过社区服务不仅要向上级有关部门准确地报告保障对象的数量和具体情况，及时把保障基金发放给保障对象，让他们维持基本生活，还要加强对保障对象的管理和教育，帮助他们树立自信、自强观念，通过社区服务的项目落实，使他们发挥自己的技能和潜能。同时，要动员社会力量，兴办社会福利事业，为社区事业创造良好的物质基础。

2.社区服务为保障对象创造自立自救的条件

社区保障为社区的发展营造了种类繁多的社区服务项目，不仅提高了社区服务在社会保障中的地位，也为许多受保障的对象提供了就业机会，为他们创造了自立自救的良好条件。

在发展社区服务项目时，一定要把社区就业问题摆在突出的位置，做到以城市社区为依托，以市场需求为导向，充分发挥社区服务领域广、服务项目多、就业门槛低、就业潜力大的优势，大力开发社区就业岗位，引导、帮助更多的下岗职工和失业人员在城市社区服务领域实现就业和再就业。街道办事处、社区群团组织以及社区居民委员会等，要根据社区服务业的发展方向，积极兴办以安置下岗职工和失业人员就业为主的社区就业实体，认真落实国家鼓励社区就业的有关政策，要创造条件，积极鼓励和支持下岗失业人员以及有能力工作的残疾人就业和自谋职业，创办各种便民利民的社区服务企业等社区就业实体。

总之，积极推动社区服务事业的健康发展，开发就业岗位，一方面可以使享受最低生活保障待遇的被救助对象逐渐自食其力，拥有自己的经济收入，从而使他们摆脱贫困；另一方面，还可以缓解社会就业的压力，调节社会就业的矛盾，维护社会的稳定和推进改革的进一步深入。

第四节　社区治安管理

一、社区治安概述

（一）社区治安的含义与内容

社区治安是指在各级党委和政府统一领导下，社区各部门、各单位协调一致、齐抓共管，依靠社区成员，运用政治的、经济的、文化的、教育的、法律的、行政的多种手段，解决妨碍社区社会治安的问题，维护社区的良好社会秩序，保障社区的稳定和谐。社区组织要协助公安机关把社区治安综合治理的各项措施落实到单位、家庭和每一位社区成员，让社区居民有更多的安全感。

《民政部关于在全国推进城市社区建设的意见》指出要加强社区治安，建立社会治安综合治理网络，有条件的地方要根据社区规模的调整，按照“一区（社区）一警”的模式调整民警责任区，设立社区警务室，健全社会治安防范体系，实行群防群治；组织开展经常性、群众性的法制教育和法律咨询、民事调解工作，加强对刑满释放、解除劳教人员的安置、帮教工作和流动人口的管理，消除各种社会不稳定因素。

（二）社区治安的目标

1.“0 案社区”与“一责六防”

当前，有一种理想的社区称为“0 案社区”。它有着一套治安管理方法，即“一责六防”。一责是指层层落实责任。六防是指一防重大刑事案件，二防民事案件转变为刑事案件，三防青少年犯罪，四防自然灾害事故，五防群体性事件，六防脱管行为并建立治安防范机制。这个方案可以说是社区治安建设的一套最完美的方案，因此是社区治安建设的最终目标。

2.社区治安的具体目标

(1)无政治案件。政治案件是指与国家政治有直接联系的事件。社区要坚守社会主义立场，以安全稳定为工作重心，加强统一认识、落实措施、管理到位，杜绝社区内发生任何政治案件。

(2)无集体上访。集体上访是指五位以上群众为了同一问题共同进行的走访活动。集体上访影响正常的工作秩序、生产秩序和社会秩序，是影响社会稳定的重要因素之一。各级各部门必须高度重视，有针对性地分析研究集体上访，积极地消除人民内部矛盾，有效预防、及时化解和妥善处理集体上访。

(3)无重大民事纠纷和治安隐患。所谓民事纠纷，是指平等主体之间发生的，以民事权利义务为内容的社会纠纷(可处分性的)。民事纠纷分为两类内容：一类是财产关系方面的民事纠纷，另一类是人身关系方面的民事纠纷。

对人民群众来说，当今社会的主要治安问题有：入室盗窃及其转化的抢劫、强奸、杀人；抢劫；强奸；针对不特定人的重伤害、杀人；寻衅滋事及其导致的重伤害、杀人；城乡接合部的治安秩序等。

(4)无火灾及其他治安灾害。火灾是指在时间或空间上失去控制的燃烧。在各种灾害中，火灾是最经常、最普遍地威胁公众安全和社会发展的主要灾害之一。其他治安灾害是指因自然或者社会因素，造成社会安宁秩序方面物品、财产、人身安全等方面的损失。

(5)无流入的犯罪分子及窝藏在逃人员。流入的犯罪分子是指在本社区有藏匿的犯罪人员。窝藏在逃人员是指明知是犯罪的人而为其提供隐藏处所、财物，帮助其逃匿的行为。

（三）社区治安的基本原则

1. 依法治理原则

依法治理社区的原则是建立在依法治国方略基点上的一个原则，是指导社区治安工作的总的方针原则。依法治国的原则对依法治理社区的要求是多方面的：第一，社区治安的指导思想，要建立在依法保护社区人民群众的民主、安全和合法权利的基点上，划清罪与非罪的界限，正确处理好两类不同性质的矛盾；第二，治安问题的查处手段要遵循法律的要求与程序；第三，治安管理的方法要贯彻依法行政的原则，通过法律宣传教育，强化社区管理人员的法律意识和法律观念，提高依法行政、依法管理的水平和能力；第四，社区治安中制定的各种规定和制度，要符合国家法律、法规和党的政策的基本要求；第五，社区治安管理要求上要体现法律、法规的严肃性，对社区内各种违反法律和治安管理规定的行为必须依纪、依制、依法严肃查处，维护国家法律、法规的尊严。

2. 群防群治原则

社区治安中的群防群治原则，是指发动和依靠社区群众做好犯罪预防和治理工作。群众路线是工人阶级政党根据党的群众观点而实行的领导原则和方法，是党处理与人民群众关系的根本方法。群众路线的核心思想是“一切为了群众，一切依靠群众，从群众中来到群众中去”。“一切为了群众”是党的根本宗旨，“一切依靠群众”是马克思主义的根本态度，“从群众中来到群众中去”是党领导群众开展工作的基本方法。党的群众路线在社区治安上的体现，就是坚持群防群治的原则。

3. 专群结合原则

专门机关与依靠广大人民群众相结合是我国公安改造的基

本方针原则，也是社区治安管理工作的指导原则。专门机关是指具有国家赋予特殊执法权的公安机关。专群结合是指在保卫国家安全和维护社会治安秩序稳定方面把公安机关的职能作用与广大群众的主动精神结合起来，做好各项安全防控工作。坚持专门机关与群众路线相结合，是我们党的传统和优势，是社会主义制度优越性在社区治安方面的具体体现，是共同利益一致基础上的结合。只有代表广大人民群众根本利益的中国共产党，才能把社会各方面的力量聚集起来，把广大人民群众的积极性调动起来，形成社区治安的强大合力；只有在社会主义制度下，人民群众才能充分享受当家做主的权利，充分发挥主人翁的作用，把社会治安作为自己的行动。

4. 打防结合、预防为主，标本兼治、重在治本的原则

这是社会治安综合治理的一条基本原则，也是实行社区治安基本目标的指导性原则。所谓“打”是指各级政法机关利用国家赋予的特殊权力，通过刑事司法程序揭露、证实、惩治各类犯罪的执法行动。所谓“防”是指以政法机关为骨干，机关团体、社会各界群众广泛参与，运用多种手段消除产生犯罪的原因和条件，防止和减少犯罪行为发生的活动。在我国，打击犯罪不仅仅是为了惩治犯罪分子，而且包含着对犯罪分子的教育与改造，从这个意义上说，打击是一种特殊的有效预防，预防比“挽救”更重要。“标”是指发生在社区内的各种违法犯罪现象。“本”是指发生这些现象的根源。治标是指对已发生的犯罪案件的处理，解决面临的各种社会治安问题和违法犯罪问题；治本是指从产生案件和事件的本源入手去解决问题。“重在治本”是综合治理的中心思想，也是社区治安的根本，无论是打击、防控，还是其他治理措施，都要把重点放在治本上。

二、强化社区治安建设的途径

(一)建立社区治安防控网络

1. 明确界定各治安组织、团体之间的权利义务关系

城市社区中,与社区治安直接相关的组织机构主要有公安派出所、街道办事处、居民委员会、物业管理公司以及企事业单位的保卫部门。

公安派出所的基本任务是:依据法律法规,通过公开的行政手段,管理辖区的治安秩序;积极采取措施,预防违法犯罪行为、治安灾害事故和群众性治安案件的发生;通过各种治安管理手段和某些侦查手段,打击犯罪;主动为民排忧解难,解决居民群众的实际困难。

在社区治安中街道办事处的责任主要包括:宣传、贯彻有关城市管理的法律法规,制订并组织实施辖区的治安管理工作计划,减少治安案件和刑事案件的发生;加强社区治安综合治理,发展社区服务,维护市场秩序,动员群众积极参与社区治安活动,组建群防群治队伍;执行综合执法,对辖区内各专业管理机构的工作行使监督权。

居委会在社区治安方面的责任是:宣传法律法规,教育群众,维护居民的合法权益;向居民会议报告社区治安工作,组织居民维护社区治安;及时调节民间纠纷,化解社区矛盾;协助人民政府和它的派出机构做好社会治安、流动人口、社会救济、青少年保护、公共卫生管理工作,及时向有关部门反映社区群众关于治安方面的意见、建议和要求;配合有关部门做好对社区矫正对象的管理、教育工作;教育居民遵守居民公约和居民会议决定,开展社区服务,为居民创设安居乐业的环境。

在社区治安管理工作中,物业管理公司具体应该做的是:建

立健全保卫组织机构，配备充足的保安人员；制订完善的有关治安管理制度，如保安员岗位责任制及交接班制度、出入登记制度、车辆和大件物品出入管理制度等；负责维护辖区的治安，预防和查处治安事故；积极配合公安部门打击辖区内及周边地区的违法犯罪活动；对社区加强巡视值班；加强社区内的车辆管理，做好车辆停放和保管工作，确保辖区内道路通畅，保证交通安全；发动辖区内的用户，做好群防群治工作，强化用户的安全防范意识，采取治安防范措施。

2. 建立社区治安综合治理机构

街道要建立健全由街道办事处主要负责同志牵头，公安派出所、交通队以及驻街等单位主要负责人组成的社区治安综合治理委员会，领导、部署、组织、推动全街道范围的社会治安综合治理工作。该委员会可依托街道有关部门设立办公室，由街道主管领导和职能科室以及社区民警的有关人员组成，负责办理社会治安综合治理委员会的日常事务。

3. 布置防控网，做到“人防＋物防＋技防”相结合

大力推进社区治安防控体系建设，建立“人防＋物防＋技防”相结合的多方位、全覆盖、大防控的治安防范网络。人防和物防是古已有之的传统防范手段，它们是安全防范的基础。人防、物防顾名思义就是通过人力、物力进行安全防范，如人员巡逻、站岗等防范措施。随着科学技术的不断进步，这些传统的防范手段也不断融入新科技的内容。技防则是通过现代科学技术进行安全防范，如电子监控、电子防盗报警等技术手段。

（二）开展法制宣传与教育，加强精神文明建设

深化法制教育，增强居民的法律意识，教育居民群众自觉地同一切违法犯罪行为做斗争，运用各种群众喜闻乐见的形式，对居民进行法制宣传教育。通过宣传宪法、法律、法规和国家的政

策，把法律交给群众。一方面可以使广大居民了解法律赋予的权利，懂得依法维护自己的合法权益；另一方面也可以使广大居民明确法律规定的义务，从而自觉地履行义务。

（三）以服务促稳定

社区居民人人安居乐业，社区必然稳定。社区居民委员会根据不同居民群体以及社区居民的不同需求，分门别类地为社区居民提供社区服务。坚持从群众最关心的问题、最迫切的问题、最需要解决的实际问题入手，诚心诚意为群众办实事，真心服务群众，不断促进社区和谐稳定发展。比如，在社区开展群众工作站、综治信访站、民生服务站工作，全面提升基层社会服务管理的科学化水平。

第四章　社区的管理体制和组织体系构成

社区治理与人民生活息息相关，是中央高度重视和支持的一件大事。《关于加强和完善城乡社区治理的意见》中明确指出，要注重完善城乡社区治理体制，健全基层党组织领导、基层政府主导的多方参与、共同治理的城乡社区治理体系。着力理顺社区工作关系，依法厘清街道办事处（乡镇政府）和基层群众性自治组织权责边界，实现政府行政管理和基层群众自治有效衔接和良性互动。选择适当的社区管理体制，不断完善组织体系，充分发挥各主体在社区建设中的作用，是推动我国城乡社区健康稳定发展的重要课题。

第一节　社区的管理体制

一、城市社区管理体制

（一）我国城市社区管理体制的演变

1.单位制的形成与发展

“单位”是存在于我国的一种特殊的社会组织形式，具有十分显著的中国特色。单位作为计划经济时代的产物，肩负重要的使命，是城市居民生活的主要依靠。城市居民的生老病死、衣食住行都与单位紧密相连。个人隶属于单位，单位直管个人。国家正是通过单位实现对社会的直接管理。在当时，人们的生活围绕着“单位”进行，不论日常生活还是工作，都是按照国家统一安排的计划有序运行。这是计划经济时代所采用的管理城市居民的主要制度和方式,具体表现为“党和国家的政策规定、计划指标以及行政命令按照行政隶属关系下达到各个单位,再通过各单位的具体执行而贯彻于全社会。离开单位,我国社会就无法正常运转”。[①]

随着社会的不断发展,我国社区管理体制也不断变化与发展,这种变化从整体上呈现为单位制到街居制,再到社区制。虽然早在1954年,我国就通过《城市街道办事处组织条例》和《城市居民委员会组织条例》,从法律上确立了街道办事处和居民委员会在城市基层管理中的地位和职能,这标志着街居制已经成为我国城市基层社会管理体制的重要内容。但从现实情况看,改革开放前的相当长一段时期,街居制并未充分发挥它的作用和功能,光芒被单位制所掩盖。一直到改革开放后,随着计划经济体制的改革和单位体制的解体,街居制才重新回到舞台,占据了一席之地。因此,我们认为城市基层社会管理体制变革之路的起点是单位制。

2.街居制的形成与发展

改革开放推动我国社会经济快速增长,基本经济制度的改革起到了关键性作用,即我国由单一的公有制经济转化成以公有制为主体、多种所有制经济共同发展的基本经济制度,大力推动了我国社会发展和经济增长。非单位就业的人口逐渐增多,城乡二元结构的松动,使农村进城务工人员不断增加,单位外人口不断增多,城市社会已无法单纯依靠单位体制进行整合。在政企分开、政社分开的经济体制改革过程中,企业离退休人员走向社区化管理,事业单位的大量后勤管理服务职能向地方转移,逐步形成了街居制与单位制共同管理的城市基层社会管理体制。2005年《中国统计年鉴》数据显示,2004年我国城镇就业人员为26476万人,其中在国有单位和集体单位就业的职工为7607万人。[②] 可

---

① 路风.单位:一种特殊的社会组织形式[J].中国社会科学,1989(01):71-88.

② 中国统计年鉴(2005年)[EB/OL].http://www.stats.gov.cn/tjsj/ndsj/2005/indexch.htm.

以发现，全国城市在非公有单位就业的人数已经超过了在公有单位就业的人数，但是仍有近一半的职工在公有制部门就业，因此还不能认为，中国城市已经进入单位制为辅、街居制为主的基层社会管理体制，而是单位制与街居制共同管理的城市基层社会管理体制，单位制对城市基层社会仍然发挥着很大作用。改革开放以后，街居管理体制下街道办事处及社区管理的人口越来越多、任务越来越重，出现了职能超载、职责不清、角色尴尬、职权有限、管理主体单一、管理方式行政化等问题，迫切需要对街居制进行改革，从街居制走向社区制。

3.社区制的形成与发展

我国经济社会不断发展，街居制逐渐不能满足社会发展要求，这促使我国在基层社区管理方面开展新的思考，街居制逐渐向社区制转变。实际上，社区制是对单位制、街居制的一种超越和重整。它不同于后两者的主要特征体现在以下几个方面：从管理理念来说，面向全体居民，以居民为主，以人为本，变管理为服务；从管理形式来说，从强调行政控制到强调居民参与；从管理目标来说，改变政府的唯一管理主体地位，加强政府与社区的合作，达致善治。可以说，这种管理体制在很大程度上突出了居委会的作用，居委会起到了承上启下的作用，搭建了社区居民与政府之间的沟通桥梁，居委会的民主选举制度深得人心，为了更好地为社区居民提供服务，居委会还会组织各种活动。可以说，居委会一方面用平易近人的方式向人们传达国家意志，另一方面又贴近人们生活，帮助他们解决各种困难。这是我国社区管理体制的一大进步。

20世纪90年代开始，我国开始着眼于城市基层社会的重新整合，民政部在全国范围内大力推进社区建设工作，希望通过这种方式更好地管理和服务单位外人口。在这样的背景下，各地开始了新型社区管理体制的探索。这一时期形成了几种具有代表性的社区管理体制创新，如上海模式、沈阳模式、江汉模式。上海模式被称为政府主导型的社区管理模式或行政型模式，雏形于1996年，成形于1999年，将社区定位在街道，其特点是：运用强有力的行政力量推进社区建设，形成“二级政府、三级管理”的城市基层管理体制，在市区两级政府的基础上，形成市、区、街道办事处三级纵向管理体制，强化了街道办事处的权力、地位和作用，通过行政推动和大量物力财力投入，使社区建设快速发展。沈阳模式起始于20世纪90年代末期，将社区定位于小于街道办事处、大于原来居委会的空间范围，被称为自治型的社区管理模式或自治型模式，即“社区自治、议行分设”，核心是政府推进和民主自治相结合，通过组织构建完成社区自治，通过组织建设促进社区民主自治的体制完善，形成了社区成员代表大会（决策层）、社区协商议事委员会（议事层）、社区委员会（执行层）、社区党组织（领导层），通过政府下放权力，建立社区自治组织，并通过这些组织，动员社会参与，进行社会整合。江汉模式于2000年左右初步形成，被称为混合型模式，在吸取上海模式和沈阳模式的基础上，进一步明确政府与社区各自的职责和权力，以转变政府职能为核心特征，实现工作重心下移，权随责走，费随事转，建立新型的政府行政调控机制与社区自治机制相结合的城市基层管理体制。20世纪90年代中期以来，在社区建设实践中涌现出来的各种典型实践模式在全国各城市得到推广和复制，有的还被吸纳进党的报告和政府文件。城市基层管理网络和社区组织体系普遍建立，大大促进了我国社区管理体制在全国范围内的建立。

新型社区管理体制有效地发挥自身作用，实现了对城市基层的重新整合，社区制帮助我国政府更好地管理和控制城市基层社会，更好地维护社会的安全和稳定。但是，社区居委会的自治性质与自身职能日益行政化之间的矛盾冲突长期难以解决，社区行政化日益加深，居民参与不足，自治功能弱，社区服务的功能无法满足居民日益增长的需求，街道办事处的定位和功能不清等问题仍然存在，社区管理体制改革仍然需要进一步深化。自2005年以来，全国各地进一步探索各种新型社区管理体制改革模式，破解居委会行政化弊端、厘清街居职能、加强社区服务，出现了居站分离的盐田模式、南京市建邺区的“一委一居一站”改革模式、江苏太仓的政社互动改革模式、“三社联动”模式、安徽铜陵市取消街道改革、南京市玄武区街道中心化改革。

近年来，我国学者不断加深对社区的理论研究，社会治理理念也开始在国家层面得到认可并发挥作用，这促使我国社会社区管理逐步向社区治理方向发展。2011 年至 2012 年，民政部先后批复确认第一批 12 个全国社区治理和服务创新实验区，2013 年 1 月 15 日，民政部发布《关于加强全国社区管理和服务创新实验区工作的意见》，开展新一轮的社区管理体制改革创新。2014 年，民政部同意将北京市东城区等 31 个单位确认为第二批“全国社区治理和服务创新实验区”；2015 年，又同意将北京市西城区等 40 个单位确认为第三批“全国社区治理和服务创新实验区”；2019 年民政部同意将北京市石景山区、天津市河北区、辽宁省沈阳市和平区等 31 个单位确认为全国社区治理和服务创新实验区，已通过结项验收的上海市徐汇区、江苏省南京市雨花台区等实验区以新的实验主题开展实验工作，实验时间为期两年。①

民政局指出，各实验区实验区应该以习近平新时代中国特色社会主义思想为指导，全面贯彻党的十九大精神，贯彻落实《中共中央国务院关于加强和完善城乡社区治理的意见》，增强责任感和使命感，围绕实验主题，扎实推进各项实验任务，为推进城市社区治理体系和治理能力现代化提供鲜活样板。各有关省级民政部门要密切关注实验区工作进展，加强政策指导，加强信息沟通，加强跟踪问效，确保实验工作有序推进。当前，各实验区根据不同主题，围绕提高社区治理水平、增强社区自治功能和提升社区服务能力、创新社区党建工作等重点领域攻坚克难，涌现出不少新的典型经验，解决了社区建设中长期存在的一些难点、瓶颈问

---

① 民政部关于同意将北京市石景山区等单位确认为全国社区治理和服务创新实验区的批复[EB/OL]. http://www.mca.gov.cn/article/gk/wj/201904/20190400016136.shtml.

题。一些地方也在省、市级开展了社区治理和服务创新实验区的工作，在社区管理体制改革和服务机制创新方面取得了新的成效。

（二）我国城市社区管理体制的改革与优化

1. 推进街道办事处改革

(1)推进街道办事处实现职能转变。社区管理体制的改革与优化的一个必要措施，就是政府适当“放权”，这主要体现在社会服务职能方面，只有以此为基础才可以构建混合型社区治理模式，同时街道必须为辖区内的各类社区提供基本公共服务。为此，要适应社区治理模式改革的客观要求，就必须推进街道办事处从“全能机构”向“有限政府”转变。

首先，根据实际情况及发展需要，适当剥离街道办事处的部分专业管理服务职能和社会服务职能。凡属那些专业性较强的基层管理服务工作，如环卫、环保、统计、城管执法、劳动监察等业务，原则上由区政府职能部门或经营实体的下设机构承担；改变街道包办社会事务的传统做法，把那些原本属于非政府性的社会事务，还权于社会组织，为社会组织发挥作用让渡空间。街道党委和街道办事处为这些专业的服务组织和社会组织提供相关的安全服务，并对其行使监督检查、评估、评价职能，使街道办事处这个无所不包的“全能机构”从越权、越位的掣肘和全能重负中解脱出来。

其次，逐步剥离街道办事处的经济职能，明确街道办事处的主要功能为社会管理和公共服务，但需要注意的是，这必须在保证资金配置的前提下进行。

最后，加强街道党工委和街道办事处对职能部门驻街机构的工作人员的考核和评议，制订相应的考核评价制度，充分发挥街道办事处在该方面的职能。

(2)精简街道办事处内设机构。当前很多街道办事处存在部门或职能交叉的问题，内部设置的累赘现象影响了其职能的充分发挥，对于这类问题，应按照转变职能、权责一致、强化服务、改进管理、提高效能的要求，精简街道办事处内设机构，实行“大科室”制，增强街道办事处的社会管理和公共服务职能；推动街道办事处以发展社会事业和解决民生问题为重点，把基本公共服务放在更加突出的位置，增强基层政府组织的凝聚力和公信力。考虑到现实情况和街道工作人员的合理利益问题，可以在保持街道编制、人员级别、待遇、职数、数量“五不变”的前提下推进街道内设机构的整合改革，待条件成熟后，再进行编制、职数等改革。

(3)加强街道办事处的政治民主建设。首先，保持并加强街道办事处的党务公开、政务公开，并建立健全相应的政治民主制度，如民意调查、反馈制度等，进一步增强党员和居民群众的知情权、参与权、表达权和监督权；所有居民关心的热点和难点问题和所有居民的切身利益的重大问题，应及时向公众开放，或举行听证会，听取居民的意见，接受居民的监督。

其次，进一步完善街道社区成员议事会、社区代表会等民意表达机制，同时发挥街道辖区内的人大代表、政协委员、居民代表、驻街单位代表的建言献策和监督作用。

2.培育发展社区社会组织

(1)理顺社区社会组织的管理体制。社区社会组织需要在有序环境中实现健康发展，这要求我国首先需要制定并实行准入门槛登记制度和社区社会组织备案制度。民政局作为登记机关，降低登记门槛，减少资金的登记，简化手续，符合登记条件，给予正当法人身份；对不符合法人登记条件的，政治上无不良倾向、有益社区发展的社会组织在街道办事处进行备案，将从前游离在体制外的社区社会组织纳入制度化、规范化管理轨道。管理主体上，业务主管单位由街道办事处担任，并可借鉴东城区成立民间组织指导服务中心的做法，对分散的社区社会组织进行日常监管和服务，同时居委会应该发挥对社区社会组织的监督作用。

（2）加强对社区社会组织的分类指导和管理。社区社会组织可以划分为不同类别，因此我们应该对这些组织机构进行科学的分类指导与管理，根据各类组织的自身特点建立健全相应的规章制度。

首先，加强完善维权类社区社会组织，创新工作理念、工作方式和工作机制，不断增强针对社区特定人群需求而成立的各种维权类民间组织的自我发展能力。

其次，大力发展救助类社区社会组织。大力培育从事慈善活动的社区组织，加强自身能力，通过政府、社会、居民等多个救助渠道，形成合力，创建新型社会救助体系。

再次，规范文体活动类社区社会组织。这是指要制订统一的规范性要求，增加唱歌、跳舞、绘画、摄影和其他文化活动，协助为社区居民自发组织的监督和指导，确保体育活动的健康开展。

最后，壮大服务类社区社会组织，培养专业社区服务机构与志愿组织。健全社区服务的项目申报等机制，让社会组织处理社区服务工作，给居民提供高质量的人性化服务，帮助解决社区弱势群体的问题，培养社会公众的参与意识。

（3）制定鼓励扶持政策促进社区社会组织发展。2017 年 12 月 27 日，民政部颁布《民政部关于大力培育发展社区社会组织的意见》，指出培育发展社区社会组织，对加强社区治理体系建设、推动社会治理重心向基层下移、打造共建共治共享的社会治理格局，具有重要作用。民政部对未来我国的社区社会组织建设制订了目标，即“力争到 2020 年，社区社会组织培育发展初见成效，实现城市社区平均拥有不少于 10 个社区社会组织，农村社区平均拥有不少于 5 个社区社会组织。再过 5 至 10 年，社区社会组织管理制度更加健全，支持措施更加完备，整体发展更加有序，作用发挥更加明显，成为创新基层社会治理的有力支撑”。[①] 因此，我

① 民政部关于大力培育发展社区社会组织的意见[EB/OL]. http://www.mca.gov.cn/article/gk/wj/201801/20180115007214.shtml.

们必须积极搭建社会组织参与基层社会管理和公共服务的工作“平台”,要充分发挥政策的作用。

首先,制定有利于社区社会组织发展的税收优惠政策。对社区社会组织的非营利性收入和企业、个人对社区社会组织的捐赠应给予税收减免。

其次,政府职能部门和街道办事处,在一定程度上增加社区社会组织的资金、场所、设施、人员培训等方面的支持。

最后,创新社区公共服务体制,通过政府奖励、补贴和购买服务的方式,鼓励社会组织承担社区公共服务。制订社会组织评估办法,对社区社会组织的基本情况以及提供服务的数量、质量进行评估,作为政府购买服务和项目补助或补贴的主要依据。

(4)推进社区社会组织规范化建设。首先,促进社区社会组织建立健全科学的制度和流程,这是保证组织正常运行并得到恰当管理的基础,是各类服务和活动有科学依据的前提,是实现社区社会组织在科学管理的基础上持续发展的前提。把社会组织的自律与诚信建设贯穿全年管理监督和各项活动中,增强社区社会组织的社会公信度。

其次,促进社区社会组织建立健全服务体系。建立健全社会组织发展联动机制、社区公益人才培育机制、服务经费保障机制、社区社会组织注册登记和备案机制、社区社会组织表彰激励机制,进一步助力社会组织发展,利用其自身紧贴群众的优势,发挥号召、组织群众的作用。

二、农村社区管理体制

(一)我国农村社区管理体制的演变

中华人民共和国成立后,社会体制的根本性变化促使我国在社会管理上做出转变,这一时期我国在县以下的基层政权实行区、乡两级制。1950年12月政务院颁布的《乡(行政村)人民政府组织通则》规定,行政村与乡为一级地方政权机关,并废除保甲制度,在农村建立农民协会和农民代表大会;1954年制定的《中华人民共和国宪法》和《地方各级人民代表大会和地方各级人民委员会组织法》明确规定我国的农村基层政权为乡、民族乡、镇,并取消了行政村建制。[①] 从1949年到1957年,乡村社会的政治结构随着土地改革完成后农村经济结构的变化而变化,从区村(行政村)制、区乡制,到划一为乡、民族乡、镇的小乡制,取消行政村建制;又从小乡制合并改建为大乡制;更因农业合作化运动从初级社到高级设置的转变,"一村一社"的村社合一体制已露端倪,行政权力支配乡村社会的特征变得更加突出。[②] 1958年8月的中共中央政治局扩大会议通过了《中共中央关于在农村建立人民公社的问题的决议》,最终在很短时间内在我国农村普遍确立起"三级所有、队为基础"的人民公社体制。人民公社体制是"党政合一、政经合一、政社合一"的农村生产、生活、管理、教育共同体,它使国家可以直接控制着农业生产、农民生活和福利分配,农民没有对农业生产进行选择的权利与自由,更谈不上独立自主的空间。

在人民公社管理体制下,农业生产和农民生活完全由国家全面控制,农民也参与到政治生活中,但从本质上来说这种管理体制具有很强的半军事化特征,其经济基础是农业生产资料的集体所有。而随着1978年农村家庭联产承包责任制的推行,权力高度集中的人民公社管理体制失去了经济基础,人民公社时期的"一大二公"的体制被打破,使农民获得了身心自由。随着人民公社体制已经无法有效发挥社会管理功能,乡村公共事务出现管理真空现象,1980年在广西宜州的合寨村,村民自发组织起来建立起中国第一个村民委员会,并通过民主选举的方式产生了村委会成员,以管理村庄的集体事务,由此开启了我国村民自治的大门。

---

① 赵秀玲.村民自治通论[M].北京:中国社会科学出版社,2004:15-17.

② 白钢,赵寿星.选举与治理[M].北京:中国社会科学出版社,2001:31.

1982年第五届全国人民代表大会修改宪法，将“人民公社”恢复为乡镇政府，确立其作为基层国家政权的政治地位，同时肯定并推动村民委员会的建立。村庄通过建立村民委员会而实行自治，并接受乡镇政权的指导和协助乡镇政府的工作，由此形成了“乡政村治”的基层政治结构，这也就意味着国家政权无法对乡村进行全面和彻底的控制了。村民委员会作为乡村的自治主体，由村民直接选举产生，在民主管理村庄公共事务的同时，接受乡镇的指导，配合乡镇完成国家任务；村民委员会作为村庄自治权力的代理行使者，代表村民向乡镇党委政府反映村民的合理诉求，维护村民的合法权益。从法理上看，乡镇政权与自治村庄是地位平等的、相互独立的、以“指导—协助”关系为基础而互动的基层组织。① 村民自治为中国农村基层管理带来了新理念、新趋势，相较于原来的农村社区管理体制，村民自治基本实现了基层民主，这意味着农民真正享受了自主权，将“人民当家做主”真正贯彻于实践，将宪法赋予人民当家做主的权利落到了实处。由此，广大农民不再是人民公社体制下国家政治动员的对象，而是有自主意志、个人利益的社会行动个体；村民委员会也不再如人民公社体制下“人民公社—生产大队”那样作为乡镇政权的延伸，而是由村民通过直接选举产生的村庄公共事务的管理主体。随着村民自治的发展深化和“乡政村治”体制的确立，农村社区的公共事务的管理权也就重新回到农民的手中，农民可以根据宪法和村民委员会组织法的规定，按照“四个民主”的要求管理本村公共事务、发展本村公益事业、解决村内公共问题、协调化解利益冲突。由此，我国农村社区的社会管理体制逐渐回到正轨并正常运行，建立在村民自治基础上的农村社区社会管理体制真正让农民成为自己的主人，让村庄公共组织按照自己的意愿为自己服务。

改革开放推动了我国社会治理的不断发展，推进了农村基层管理体制的改革。但是建立在村民自治基础之上的农村仍然是

---

① 卢福营等.冲突与协调——乡村治理中的博弈[M].上海：上海交通大学出版社，2006：84.

按照户籍关系确定村民权利行使与村庄福利享有的资格。农民在村庄之间、在城乡之间虽然能够自由流动，但一旦离开了本人户籍所在的村庄就无法在他处有效行使宪法和法律赋予的村民基本权利、享受村庄基本福利与公共服务。由此可以发现，改革开放后建立在村民自治基础上的农村社区社会管理体制，虽然其形式已经发生了巨大的变化，但其实质——建立在单位制之上的行政控制逻辑，仍然在持续运作，并与社会发展要求呈现出越来越显著的摩擦与对撞。中华人民共和国成立以后，我国长期采用“大政府、小社会”的农村社区社会管理模式，导致了农民的利益表达渠道缺失、政府及村级公共组织的信誉降低、农村社会矛盾趋于严重、国家政权对乡村社会的管理和控制成本增高等问题。这种农村社区社会管理模式已完全不适应 21 世纪中国农村社区的发展要求，农村社区社会管理体制的改革与创新的任务十分紧迫。

（二）我国农村社区管理体制的创新与趋势

改革开放以来，我国社会、经济等各个领域迅猛发展，计划经济体制转化为市场经济体制，全球化、信息化程度不断加深，现代化建设成为重点，在社会背景巨大变革的背景下，我国存在严重的发展不平衡问题，处于破除城乡二元结构，实现城乡一体化的关键时期。农村社会和社区日益开放，必须进一步解放思想，深化改革，破除一些体制和机制的障碍，探索和创新农村社区管理体制机制。

1. 正确处理政经关系，推动农村社区管理的政经分离

改革开放后，我国开始推行家庭联产承包责任制改革，“大锅饭”体制严重限制农业农村发展，因此通过改革打破原有体制的封闭性、低效性是必然选择。只有这样才能让农民获得土地经营权和生产自主权，从而极大地激发了农村活力，推动了农业的持续快速发展和农民生活水平的提高，为农业资本的积累和增值创

造了条件。但是,包括土地在内的乡村自然资源和村集体资产仍是由村庄所有,并且由村民委员会进行管理经营。村民委员会作为农民选举产生的自治组织,不仅受农民委托管理村庄公共事务、办理村庄公益事业,也有权力对土地、山林、水面等由农民承包的自然资源和村集体资产进行管理,因此同时具备了"基层自治组织""村庄公共组织""村集体经济经营组织"这三种属性。如此,在村民委员会这一复合型组织身上同时聚集了"社会性""政治性""经济性"的三种职能,实际上与"政经合一""政社合一"的人民公社体制并没有本质的区别。由此造成政经不分、经社不分、组织封闭,制约了集体经济的发展,也加剧了社区利益冲突,损害村民自治,同时导致管理真空,不利于社区经济社会的发展。

因此,开展科学的农村社区管理必须厘清涉及的政经关系,并在此基础上逐步实现政经分离,也就是将农村集体资产的经营管理职能从村民委员会身上分离开来,使农村集体资产按照市场经济活动的要求独立经营发展,从而让农村社区社会管理主体之一的村民委员会还原为村民的自治组织。村委会在村党支部的领导下按照"四个民主"的原则要求专注于履行协调农村利益关系、规范村民社会行为、化解村庄矛盾冲突、解决乡村公共问题、营造和谐公正乡村、妥善应对社会风险、保持农村社会稳定等诸方面农村社区社会管理职责。理顺政经关系、推动政经分开,让村民自治从"政治民主"与"经济民主"的重合向"政治民主"与"经济民主"的相互分离和独立运转发展。村民可以选举热心公益、勤恳负责、群众威信高的村民担任农村社区的领导人,使其专注于管理社区公共事务、发展社区公益事业,从而有效维护社区公共秩序,以推动农村社区社会管理的科学化、合理化发展。

2.明确村社边界,探索和实践农村社区合作治理

从我国农村社区管理实践中可以看出,当前村(社区)党支部和村民(社区居民)委员会是进行农村社区内部自我管理的两个

主要组织，二者均为村级组织。前者是中国共产党的农村基层组织，是官方的半行政性组织；后者虽是基层群众自治组织，但由于其是按宪法和法律规定设立的并在现实运作中往往要承担乡镇政府下派的诸多行政事务，因而实际上也具有很强的官方性和行政性，是基层政府的权力延伸机构。随着社会发展和公民素质的提高，在不少农村社区逐渐出现了很多民间社会组织，其中部分是社区内村民自发组织形成的各类协会，部分是从外界进入农村社区以从事相关专业性工作的社会团体。这些农村社会组织逐渐参与到农村社区的社会管理过程中，为化解农村社会矛盾、维护农村稳定和谐发挥了重要作用，实际上也构成了农村社区管理主体的组成部分。党的十七届五中全会通过的“十二五”规划建议中明确提出：“发挥群众组织和社会组织作用，形成社会管理和服务合力”，并强调“培育扶持和依法管理社会组织，支持、引导其参与社会组织管理和服务”，社会组织主要从事公益性、互助性和自律性的活动，它们是公民社会的重要组成部分，社会组织的发展壮大及其与国家的良性互动关系是社会管理格局中发挥“社会协同”作用的前提条件。[①] 包括农村公益性组织、村民互助组织、专业社工服务机构等农村社会组织参与农村社区管理，能够很好地弥补村（社区）党支部与村民（社区居民）委员会这两个村级组织由于资金、技术、能力等方面的缺乏而难以有效履行农村社区管理职能的不足，并为农村社区的居民提供更专业、更优质的公共事务，对农村社区公益事业的良性发展和农村社区社会秩序的和谐稳定发挥重要的推动作用。随着农村社区治理体系的不断发展与完善，民间社会团体、公民组织发挥着越来越大的作用，而在这些组织参与农村社区管理的过程中，必须明确这些社会组织与村（社区）党支部、村民（社区居民）委员会之间的关系，明确各自的权力范围与责任边界，让农村社会组织与村（社区）党支部、村民（社区居民）委员会各显其能、各司其职、各负其责。党的十

① 何增科.中国社会管理体制改革路线图[M].北京：国家行政学院出版社，2009：35.

八大报告明确提出:“加快形成政社分开、权责明确、依法自治的现代社会组织体制”,只有在农村社区管理过程中厘清村级组织与社会组织的边界、实现行政性组织与社会性组织分开,才能使双方做到不越位、不错位、不缺位,从而使农村社区管理体制合法运转、合理运转、科学运转、良性运转、高效运转。

3.加强社区党建,创新党的领导形式

在中国特色社会主义建设中,中国共产党起着领导核心的重要作用,带领人民开展各项事业,在农村社区管理中也应如此,必须明确党的领导地位。农村社区的村(社区)党支部的本质是党在农村社区的基层组织,该组织是党领导人民建设和管理农村社区的重要支撑,是农村社区内各类组织运转与各项工作开展的领导核心。农村社区党组织的建设发展状况与农村社区管理体制的运行与活动的实施成效密切相关,党领导下的村民委员会,这是目前中国农村村民自治的一个显著特点。[①] 因此,加强农村社区党组织的建设、充分发挥农村社区党组织的战斗堡垒作用和党员的先锋模范作用,对于农村社区管理的有效实施意义重大。但是,在当前我国农村社区的社会管理过程中,或者说从改革开放以来的村民自治推行和运转的过程中,普遍出现了作为农村社区基层党组织的村(社区)党支部与作为农村社区自治组织的村民(社区居民)委员会之间的矛盾摩擦,影响农村社区管理的绩效,严重的会造成村级组织的运转低效乃至瘫痪,甚至引发群体性的对立冲突,给农村社区的社会稳定、氛围和谐与农村社区的健康发展带来严重的负面影响。造成“两委”关系失衡的原因,有观念意识问题、意见分歧问题,但最根本的还是对权力以及附着在权力之上的利益的争夺。

因此,必须正确认识并明确划分农村社区“两委”的权力关系。《村民委员会组织法》第四条规定:“中国共产党在农村的基

① 白钢,赵寿星.选举与治理[M].北京:中国社会科学出版社,2001:47.

层组织，按照中国共产党章程进行工作，发挥领导核心作用，领导和支持村民委员会行使职权，依照宪法和法律，支持和保障村民开展自治活动、直接行使民主权利”。党的十八大报告明确指出：“围绕构建中国特色社会主义社会管理体系，加快形成党委领导、政府负责、社会协同、公众参与、法治保障的社会管理体制。”党的十九大报告强调：“党的领导是人民当家做主和依法治国的根本保证，人民当家做主是社会主义民主政治的本质特征，依法治国是党领导人民治理国家的基本方式，三者统一于我国社会主义民主政治伟大实践。”“巩固基层政权，完善基层民主制度，保障人民知情权、参与权、表达权、监督权。”因此，党的领导不是包办更不是取代村民自治组织，而是领导和支持村民自治组织更好地办理自治事务。对于我国农村社区的社会管理而言，党委领导体现为农村社区党支部对农村社区管理工作的政治领导、思想领导和组织领导，以保证农村社区管理和农村社区居民自治工作围绕党的路线、方针、政策有序开展，通过把握宏观方向、协调各方关系、总揽全局的方式体现党组织的领导核心作用。在农村社区治理中，监督和保障职能才是社区党支部的主要职责：依据村民自治的有关法律规定，社区党支部应该承担监督村民自治的各项工作是否符合法律规范，保障村民自治依法推进的职能①，而不是事无巨细、亲力亲为地代行社区村民自治组织和其他农村社会组织的工作职能。部分地区试图通过推行“两委一体化”“两委交叉任职”“村党支部书记兼任村委会主任”的方式减少“两委”摩擦，这实际上是对人民公社时期“一元化领导”的回归，混淆了党的基层组织与基层群众自治组织的性质，既不利于加强和改善党对村民自治的领导，又伤害了村民自治的原则。“两委一肩挑”必须建立在法律和制度的基础上，让村（社区）党支部成员可以通过自由竞争的民主选举进入村民（社区居民）委员会、村民（社区居民）会议或代表会议，从而实现交叉任职。

---

① 胡维维，吴晓燕. 农村社会管理与新型农村社区管理体制建设[J]. 新疆财经，2011(1)：62.

4.引导居民参与，实现农村社区共建共享

农村居民是在农村社区内生活的主体，农村社区管理应该有农村居民的参与，因为开展农村社区管理工作就是为了通过对农村社区的公共事务的妥善管理和对农村社区社会秩序的有效维护，改善村民生活条件、提高村民生活水平、塑造良好生活环境。农村社区管理的运行过程与成效直接影响农村社区内每个居民的生活质量、事关农村社区内每个居民的切身利益。每位直接利益相关的农村社区成员都能有效地参与到农村社区管理过程中，了解农村社区管理的过程并在参与中锻炼、提升自身素质能力，更好地维护和增进自己的合法权益。

村民参与对于农村社区建设具有重要意义，农村居民应该参与农村社区建设和管理的各个环节，这包括农村社区管理体制运行中出现的各种问题，以及在今后的体制改革中可能出现的各种问题，应该通过扩大参与式管理让每名农村社区成员都能自觉、自主地增进合法权益、管理公共事务、维护社会秩序、促进社会和谐而承担起作为主人和公民的社会责任，从而推动农村社区管理创新。在农村社区参与式社会管理创新的过程中，要更加注重《村民委员会组织法》规定的作为农村社区最高权力机关和最高决策机构的村民会议和农民自创的“村民（户）代表议事会议”的民主决策、民主管理和民主监督作用，推动农村社区自治的“四个民主”的均衡有序发展；并且根据农村社区的发展状况与发展方向，探索户籍不在本社区的外来流动人口、社区新居民参与农村社区管理的方式途径。让包括外来流动人口、社区新居民在内的所有农村社区成员都能通过参与农村社区管理来维护和增进合法权益、获得平等的对待与尊重，从而促进社区和谐，营造平等有序、公平正义、包容协作的新型农村社区。

5.构建公平的制度体系，促进社会融合发展

改革开放推动社会进步和经济发展，不再被体制束缚的农民

开始向城市流动，当前我国有规模巨大的农民到城市务工，可以说改革开放促使我国出现了大规模的自发的人口流动。大量的农民进入城市或经济较发达地区的乡镇和农村，从事各种职业工作，为中国的经济发展、城市化与现代化水平的提高做出了巨大贡献。这些同为祖国建设者的农民工们工作在他乡、居住在他乡、生活在他乡，但由于法律和制度的原因，无法成为真正的“当地人”，也无法在工作和居住所在地参与选举履行宪法赋予的公民权利并享受同等的公共服务与社会福利。根据国家卫生健康委发布的《中国流动人口发展报告(2018)》，我国流动人口规模在经历长期快速增长后开始进入调整期，但依旧规模巨大，2017 年流动人口总量为 2.44 亿人。[①] 对于这 2 亿多的在他乡工作生活的流动人口而言，其中大部分由于户籍关系不在工作和生活所在地，虽然同为建设者，通过辛勤劳动为当地的经济社会发展做出了巨大的贡献，但由于户籍原因从而无法与拥有当地户籍的“本地人”同等地行使公民权利、享受公共服务、获取社会福利，由此因制度原因而变成了“二等公民”。他们大多备受歧视与欺凌，由于社会地位和身份的差异无法有效融入当地社区，从而与同住在当地的“本地人”产生撕裂感，严重的甚至会发生同一社区内户籍不在当地的“外地人”与拥有当地户籍的“本地人”的冲突对抗。为此，必须打破户籍制度所造成的身份与资格差异，让包括外来的“新居民”在内的所有农村社区成员都能够参与到本社区的公共事务管理和公共服务享有中，以维护并增进合法权益、推动社区认同形成、实现社区和谐有序发展，将新型农村社区变成所有成员“共建共享”的生活共同体。对于农村社区居民而言，农村户籍上依附着许多包括土地(山林)承包权、宅基地用益权等与农村集体资产密切相关的各项权益，要通过对农村集体资产的经营管理体制进行改革，将农村集体资产的经营管理权与农村社区的社会管理权相剥离，并逐步将附属在户籍制度上的身份、职业、公共

---

① 新版《中国流动人口发展报告》发布，我国流动人口达 2.44 亿[EB/OL]. https://www.sohu.com/a/284707882_162422.

服务、社会保障等功能剥离开来，消除阻碍外来新居民进入社区的体制障碍。

6. 构建科学的“乡—村”关系，明确二者权责边界

改革开放后，我国开始推行家庭联产承包制，这打破了人民公社体制的经济基础，明确农村治理应该明确划清“政经”“政社”和“党政”关系，以此为基础确立了“乡政村治”的基层政治结构和“乡村共治”的农村治理模式。乡镇政权与村级自治组织之间的关系是“指导—协助”关系：乡镇政权指导村级自治组织开展社会管理工作和行政事务工作，而村级自治组织根据乡镇政权的指导协助乡镇党政机关完成必需的行政事务工作并处理好本农村社区的公共事务。但在农村社区管理的实际运作过程中，由于乡镇政权在资源、权力、经费、人事等方面处于绝对优势地位，从而经常将行政事务向村级自治组织转移，导致村级自治组织不得不按照行政逻辑而非自治逻辑运转，忙于应付乡镇下派的行政事务而忽视了村庄自治事务。这种“乡政”扭曲甚至有吞噬“村治”情况的出现，究其根本在于在农村社区管理过程中的行政逻辑与自治逻辑的冲突。在政治体系层面，冲突双方的地位并不对等，同时没有相关法律明确二者的权责关系，这就导致在农村社区治理的过程中，出现了“乡政”越位、错位与“村治”失位的现象。绝大多数村庄的村务决策都有乡镇政府不同程度的参与，易于产生政府干预多、村民做不了主的情况，为此必须理顺乡镇政权与自治村庄之间的关系，根据宪法和法律的规范，界定农村社区管理主体之间的权责边界。乡镇政府不干预村委会和社区法定的自治事务；虽然社区需要承担和协助办理一些政务，但必须严格限制委办事务的数量，制订权力下放或委办事务目录。政府性的法定事务不得随意转嫁社区，需要由社区参与和承担的必须通过“费随事转”等方式由社区承担。一些公共管理和公共服务事项可以通过共建平台、共同参与的方式协同完成，实现协同治理。

第二节　社区的组织体系

一、社区组织概述

（一）社区组织的基本含义

从大体上来说，社区组织就是指以社区为依托而形成的各类社会组织。社区组织可以从广义和狭义两个角度来理解。

从广义角度来说，社区组织是指在社区地域范围内面向全体社区居民开展工作以满足社区居民各项需求的各种社会组织的统称，它可以是营利性的专业服务组织，如小区物业服务管理中心，也可是非营利性的社会服务组织，如社区的社会工作服务机构、福利机构或者政府的派出机关或机构，如街道办事处、社区警务室等。这些组织尽管在组织性质、工作目标和服务内容方面存在一定的区别，但它们都以满足社区及其居民需要为主要目标，承担着为社区提供各种公共服务和社会管理的职能。

从狭义角度来说，社区组织是指由社区或者社区居民有目的、有计划地组建起来的，由社区成员参与的，以满足居民社会性需要和社区公共利益为目标的各种社会团体和机构。与广义的社区组织相比，狭义的社区组织的建立主体、组织目标、参与成员等方面更强调社区成员的参与。狭义的社区组织主要有自治性的社区居民组织，如社区居民委员会、小区业主委员会等，以及由社区或居民组建的社区服务机构、志愿者组织、社群组织或社区民间团体，如居民小组、社区老年协会等。

就我国当前的社区管理实践而言，可以将社区组织划分为以下类型：(1)以社区为管理对象的组织，包括社区党组织、街区行政组织、政府下派在社区承担相关管理职能的组织；(2)社区居民组织的自我管理的群众性自治组织，如居民委员会、业主委员会等;(3)在社区内开展社会活动并参加和承担某项社区事务管理的组织,如社区社会组织,物业服务企业等。

社区组织是一种社会组织,与其他社会组织最主要的区别在于其具有较为明确的活动范围,也就是说,社区组织是一种主要面向社区以及社区范围内的居民的社会组织,其活动内容十分全面,包括社区居民的经济生活、政治生活、文化生活以及社会管理和社会服务等。除了作为一种社会组织类型和社群活动的载体,在社会工作理论与实务中,社区组织还是社会工作的一种工作过程和工作方法,是指将社区各社会机构组织起来,通过协调沟通来促进其协作,使社区内各种资源得以充分运用,从而满足社区居民的需要。例如,在英国,社区组织就是指地区组织的联系统筹,合力为社区服务的模式与过程;在美国,社区组织等同于社区工作,被视为社会工作的方法之一;在我国香港地区,社区组织也是作为社区工作中的一个具体工作模式。就我国当前社区建设的实践而言,我们更多的是从组织类型和社会管理与服务载体的意义层面来使用社区组织这一概念的。

(二)社区组织体系

1.社区组织体系的基本构成

(1)社区党组织。在社区组织体系中,社区党组织发挥核心作用,是党在社区全部工作和战斗力的基础,是党向基层群众传达意志的重要环节,是社区各类组织和各项工作的领导核心,其凝聚力、组织力、影响力都是社区其他组织无法比拟的。社区党组织由党员大会或党员代表大会选举产生,在街道党工委的领导下开展工作。

(2)社区自治组织。在我国的社区管理中,社区自治组织占有重要地位,发挥着不可替代的作用。社区自治组织是指代表社区居民对社区公共事务进行自我管理、自我服务的群众性自治组织,一般包括社区居民委员会、社区居民代表大会(有的地方称社区成员代表大会)和社区协商议事委员会。

(3)社区社会组织。社区社会组织是介于社区自治组织与居民个体之间独立开展社会活动,发挥服务、沟通和监督作用的社会服务机构,包括各类社区社会团体、民办非企业单位,社区社会服务组织以及群众为满足生活文化需求而建立的以自我教育、自我管理、自我服务为主的组织等。当前我国社区治理的一个重要方向就是大力发展社区社会组织,充分发挥这类机构的作用,实现社区的健康稳定成长与发展。

2.社区组织体系的主要特征

从我国的社区建设和管理实践中可以看出,不同的社区组织主体发挥着不同的作用。具体来说,社区党组织是社区建设的核心力量,社区自治组织是社区建设的主体力量,社区社会组织是社区建设重要的纽带和补充力量。

总体而言,当前我国的社区组织体系具有以下共同特点:第一,组织管理机构相对健全,组织权限职责比较清晰;第二,非政府非营利的社区社会组织开始在社区建设与社区发展中发挥重要作用;第三,社区志愿者在社区组织建设中发挥着重要的作用。

下面主要分析社区党组织和社区自治组织在社区建设和管理中的作用。

二、社区党组织

(一)社区党组织的基本形式和主要职责

1.社区党组织的组织形式

上面已经提到,在我国社区建设和管理中,社区党组织发挥着核心作用,并且是党在社区的基层组织。作为党的组织基础,它是党联系群众的桥梁和纽带，也是党在社会基层组织中的战斗堡垒。根据《中国共产党章程》的规定，在企业、农村、机关、学校、科研院所、街道社区、社会组织、人民解放军连队和其他基层单位中，凡是有正式党员在3人以上的，都应当成立党的基层组织。党的基层组织，根据工作需要和党员人数，经上级党组织批准，分别设立党的基层委员会、总支部委员会、支部委员会。一般情况是：党员3人以上又不足50人的基层单位，可以成立支部委员会；党员超过50人至100人的，如不需要成立党的总支部委员会，经上级党组织决定，也可以成立支部委员会。据此，在街镇党（工）委的领导下社区党组织的具体组织形式包括社区党委和社区党支部。通常情况下，社区党委下设社区管理服务站党支部、居委会党支部和若干居民党员组成的党支部。社区党委由书记、一至两名副书记（一般由是党员的管理服务站站长和居委会主任担任）、三至六名委员（由下设的居民区党支部书记担任）组成；社区党支部由三至七人组成，设有书记、组织委员、宣传委员、纪律检查委员等。社区党委和党支部委员会的任期均为三年。

2.社区党组织的主要职责

（1）社区党组织最基本的职能和作用是在基层群众中传达党的意志，也就是在社区这一单位内宣传和执行党的路线方针政策，以及党中央、上级党组织和本组织的决议，团结组织干部和群众，努力完成社区的各项任务。

（2）社区党组织负责对本社区建设与管理中的重要问题进行全面讨论并做出科学决策。

（3）社区党组织在社区组织体系中占领核心地位，其必须起到领导社区居民自治组织的作用，要支持和保证其依法充分行使职权，完善公开办事制度，推进社区居民自治。此外，还需要领导社区群众组织，支持和保证其依照各自的章程开展工作。

（4）社区党组织是我们党的最基层组织，因此其必须紧密地将社会群众与党联系在一起，也就是做到联系群众、服务群众、宣传群众、教育群众并反映群众的意见和要求，化解社会矛盾，维护社会稳定。

(5)社区党组织要重视社区建设的群众参与，组织党员和群众积极参与社区建设和管理的各项工作，推进基层社区实现科学自治。

(6)社区党组织还应该关注自身建设，要重视人才的教育和培养，做好党员的教育管理和发展党员工作。

(二)社区党组织建设的指导思想和主要任务

1. 社区党组织建设的指导思想

近一个时期，我国社区党建工作的指导思想是：紧密围绕我国社会改革发展稳定的大局，密切结合基层社区建设的实际，以保持党和人民群众的血肉联系为核心，以服务社区群众为宗旨，以构建基层社区党建工作新格局为着力点，不断加强党员队伍建设、党的基层组织建设和党内民主建设，提高社区党组织的创造力、凝聚力和战斗力，努力扩大党组织在城市工作中的覆盖面。充分发挥基层党组织在服务群众、凝聚人心、优化管理、维护稳定方面的作用；全面构建以党组织为核心，社区自治组织为骨干，社区居民为主体，社会组织和社区单位共同参与的社会治理新格局，将基层社区建设成为服务完善、管理有序、环境优美、文明祥和的社会生活共同体，为构建社会主义和谐社会提供坚强有力的组织保证。

2. 社区党组织建设的主要任务

(1)重视基层党员队伍建设。首先，制定并实行严格的党组织生活制度。社区党组织在社区建设和管理中充分发挥其职能的一个重要前提，就是建立健全相应制度，也就是为党组织工作顺利开展提供完备的制度保障。党的组织生活制度包括三会一课、民主生活制度、党员汇报制度以及民主评议党员制度等。为此，社区党组织应定期组织党员参加学习，开展集体活动，对党员进行经常性的党员意识和党的方针政策教育。坚持每年对党员进行一次民主评议，组织党员积极开展批评与自我批评。健全完善相关簿、册、记录，整理资料档案，规范党员教育管理工作。

其次，对社区党组织成员进行科学的分类管理。按照属地管理的原则，针对不同类型的党员，区别情况，分类管理。对纯居民党员全部纳入党组织管理，不留空白；对离退休人员和下岗职工中的党员，要积极做好党员组织关系接转工作，及时转入社区党组织管理；对在辖区内务工经商的流动党员，通过设置流动党员联络站，主动联系管理；对驻区单位的在职党员，建立向社区党组织报到制度，实行“双重”管理。

再次，组织党组织成员积极参与各类实践活动。按照“服务社会、服务群众、服务发展”的要求，积极开展“党员责任区”“党员模范岗”“党员奉献日”“党员目标承诺”“主题党日”等服务和实践活动，引导广大党员在奉献中增强责任感，体现先进性。例如，北京市丰台区南苑街道围绕需求，整合资源，优化设置，强力推进“党组织服务站”创建工作，11 个社区全部成立社区党组织服务站，搭建了党员服务群众的新平台，引导党组织成员更好地服务于社区群众，在很大程度上提升了群众对基层党组织的认可度和满意度。①

最后，重视党员发展，并为其发展提供支持。社区党组织应该按照“坚持标准、保证质量、改善结构、慎重发展”的方针，把从社区、非公企业中发展党员工作作为社区党建责任目标的一项重要内容纳入议事日程，加强对入党积极分子的考察、培养和培训，努力提高入党积极分子的素质，同时建立入党积极分子的帮带机制，对其进行及时的帮助指导，使其早日成熟。

---

① 丰台区首批社区党组织服务站在南苑街道揭牌成立[EB/OL]. http://www.bjwmb.gov.cn/xxgk/wmcj/t20151027_755586.htm.

(2)重视社区领导班子建设。虽然社区建设和管理并不是单纯依靠领导班子的工作实现的,但其确实在社区建设和管理中起着不可或缺的引领作用,因此必须加强社区领导班子建设。一方面,需要落实基层民主集中制,即健全"集体领导、民主集中、个别酝酿、会议决定"的基层决策和议事制度,来拓宽基层民主渠道,广泛集中民智,增强决策的科学性和民主性,形成团结协作、各负其责、奋发向上的基层工作格局;另一方面,需要强化政治学习,坚持思想建党。为此,社区领导班子应当健全政治学习制度,定期组织开展深入学习贯彻党的各项会议精神和党的最高领导人的重要讲话精神,通过学习来准确把握我国经济和社会发展的总体思路和指导思想,深入研究我国当前经济社会发展所面临的新形势、新任务,把握新机遇,切实把思想和行动统一到中央重大决策部署上来。不断提高社区党组织领导社区发展、处理复杂问题、促进社会和谐的能力。

(3)重视党的基层组织建设。首先,社区党组织建设必须围绕"民主"这一主题,因此必须加强社区党组织与社区群众的联系,必须依照《中国共产党章程》的规定,充分履行基层党组织的职责任务。明确社会主义市场经济条件下基层党组织工作与经济社会发展和人民群众利益新的结合点和着力点,通过联系群众、宣传群众、组织群众、服务群众,引导和激励人民群众的积极性、创造性,团结和带领人民群众共同推进经济社会发展,共同创造和谐幸福生活。

其次,进一步健全街道社区党建工作联席会,不断完善街、居、组三级党建工作网络,进一步强化和拓展社区党建服务平台,扩大党在基层社区的覆盖面,增强党的工作的影响力、渗透力和党组织的凝聚力、战斗力,强化社区党组织的协调功能,突出解决实际问题。

最后,重视社区党组织的载体建设,只有通过恰当的载体才能使社区党组织的工作落到实处。应该以选配好社区党组织班子为核心,夯实社区党建工作的组织基础。采取"选、引、派、育"

等方式培养和选拔社区党组织成员，促进整体结构不断优化。同时，要根据社区党员的人数和分布，来创新社区党组织的设置形式。此外，要充分发挥社区党组织密切联系和服务群众的优势，通过社区党组织建设来带动群团组织建设，确保社区内群团组织在党组织的统一领导下开展工作。

3. 社区党组织建设的工作重点

社区党组织是党在党组织中最基层的一级组织，其建设必须围绕党的宗旨，也就是全心全意为人民服务，这反映到社区党组织建设工作上，就是找准居民群众反映最强烈、最需要解决的问题，实实在在地为群众办好事，全面落实基层党组织的工作职责，将工作的重点放到凝聚群众共同奋斗上来，联系群众、宣传群众、组织群众、服务群众、团结群众共同创造幸福生活。具体来说，这主要体现在以下几个方面。

(1)改善工作条件并加强自身建设。建立基层党组织开展工作和活动的物质保障机制，保护发挥基层党员干部的积极性、创造性。加强班子建设，推进党内民主，健全党内生活，建立使党员“长期受教育，永葆先进性”的长效机制。

(2)改进工作方式并扩大工作覆盖面。适应基层经济社会管理体制、治理模式的变化，规范党组织与经济、行政、自治组织的工作程序，健全党组织的工作制度和工作机制，保证党组织职能作用的有效发挥。加强新经济组织、新社会组织和城市新建小区的党建工作。

(3)增强基层党组织服务群众的功能。健全群众利益表达和利益协调机制，培育各类服务组织，拓宽新形势下基层党组织服务群众、凝聚人心的途径和方法。

(4)有机联合社区党组织与辖区单位，共同开展工作。进一步探索互联共建的有效措施，与辖区单位共同探索发挥作用的有效途径。在组织设置方面，创新基层组织设置，健全社区党组织与辖区内非公企业、机关、学校等单位党组织的联动互助机制，构建条块结合、资源共享、优势互补、共驻共建的城市社区党建工作新格局，形成辖区单位党组织和社区党员人人参与的条块结合、纵横结合的基层党建工作新格局。

（三）社区党组织在社区治理中的关键环节

经济社会发展伴随着社会体制的改革和完善，政府职能也不断适应社会发展而做出转变，相应地社区建设也会不断发展。在新的历史时期和新的形势下，社区党建工作对社区党组织战斗堡垒作用的发挥，乃至整个社会的发展都有着直接深远的影响。因此，对社区党组织而言，必须在工作中重视以下关键环节，处理好各种关系，促进社区的健康稳定发展。

1. 正确处理工作指导和政策扶持的关系

开展社区党组织建设工作，一个关键在于转变思想，也就是说街道和社区居委会组织应该转变过去那种“抓经济、搞创收”的工作思路，而是应该将精力集中于社区建设。因此，为了保证街、居党组织有足够的经费开展工作，各级财政应加大投入，尤其要从年初的预算上予以安排。开展社区党建，还对街、居委会干部的素质提出了更高的要求，因此要加强培训，努力提高他们的政治素质和业务素质，在人力上予以保证。

2. 正确处理社区管理条与块的关系

区、街、居各级党组织在社区党建工作中起主导作用，对社区内社会性、地区性、群众性、公益性的工作负有全面责任，但社区党组织仍应以为驻区单位做好服务为首要目标，多做社区单位想做而没有做、不便做或做不到的工作，以赢得社区单位对“社区党建”的认同、理解、参与和支持，营造浓厚的社区氛围。

3. 正确处理社区党建工作与居务工作的关系

社区党组织在社区建设和管理中的工作涉及各个领域和方

面，这就决定了社区党建工作必然和社区居务工作之间产生紧密联系。在一定意义上，做好了社区居务工作，就等于做好了社区党务工作，而如果社区各项工作都出色，社区党建工作也必然十分优秀。但社区党组织和社区居委会并不是相互平行的关系，而是领导与被领导的关系，即社区党组织是社区各种组织和各项工作的领导核心。因此，加强社区党的建设，对于凝聚社会共识，确保党的各项路线方针政策在社区的贯彻落实，完成各项工作任务意义重大。

4. 正确处理社区管理继承与创新的关系

社区党组织在社区建设和管理过程中，一方面要严格遵循党建工作的基本工作规律和方法，另一方面应该结合实际在实践中勇于创新。社区党组织在开展工作中，不能简单照搬上级党组织的工作方法，而应建立组织网络，通过平等协商的形式开展党建工作，不搞一个模式，不强调千篇一律。尤其在开展思想教育、政治学习和党员活动方面，应当鼓励创新。

三、社区自治组织

（一）城市社区自治组织

1. 社区居委会的基本特征

在我国，城市社区自治组织主要是指社区居民委员会，该组织具有以下几个特点：

（1）基层性。居民委员会不是全国性的、统一的组织，也不是省、市、县、街道一级的组织，是设立在国家最低一级行政区划之下的居民居住区的社会组织，是在城市基层政权组织指导之下的社会组织，是按照便于群众自治的原则设立的直接由广大居民所构成的组织。

(2)自治性。居民委员会是在党的领导和政府的指导下，在国家宪法和法律以及政策规定的范围内，拥有一定的自主权和自决权，居民在自愿的基础上，通过自我管理、自我教育、自我服务、自我监督等途径来实现自治的组织形式。居民委员会不从属于也不依赖于居民居住地范围其他任何社会组织，具有自身组织上的独立性。

(3)群众性。居民委员会是由在一个区域内居住的所有居民组成的群众性组织。居民委员会的组成主体是全体居民，它不分民族、种族、性别、年龄、职业、家庭出身、教育程度、财产状况和政治面貌。居民委员会组织具有最广泛的群众性。

2.社区居委会的主要职能

(1)为社区成员提供社区服务。社区居委会是为社区成员提供各种服务的组织，提供社区服务是其主要职能之一。这主要包括以下内容：开展以劳动就业为重点的社会事务服务；组织志愿者服务队伍，面向社区特殊群体，提供社区特殊服务；发展社区便民利民的服务业，发展中介组织，管好“三资”，壮大社区集体经济实力；管好社区服务站，兴办有关的社会福利事业，指导、管理社区安老、助残等社区服务机构，为社区成员提供优质服务。

(2)在社区成员中开展宣传教育活动。居民居委会是国家在社区这一单位层面建立的组织，虽然其属于居民自治组织，但其一项重要任务是在居民群众中宣传和传递社会主流意识形态。因此，居民居委会需要宣传宪法、法律、法规和国家的政策，教育居民履行法律规定的义务，合理利用自然资源，保护和改善生态环境，维护居民的合法权益，爱护公共财产，以及发展社区文化教育，普及科技知识，开展多种形式的社会主义精神文明建设活动，如评选文明小区、文明楼院、五好家庭等。

(3)监督评议政府职能部门工作，反映社情民意。居民居委会作为基层组织，贴近群众，是人民群众和政府沟通的桥梁。因此，居委会需要组织社区居民对政府部门的各项政务进行民主评议和民主监督；向政府部门反映社区居民的意见、要求并提出建议。

（4）开展社区层面的行政社会管理工作。这主要是指，居民居委会需要协助政府部门在社区开展民事调解、社区治安、劳动就业、公共卫生、计划生育、优抚救济、青少年教育、外来人口管理等工作，协助保护城市生态环境，维护社区的交通、通信、能源等市政公共设施；协助政府部门做好社区内失业人员及离退休人员的社会化管理与服务工作；参与业主委员会对社区的物业管理和服务进行指导、监督、支持等。

（5）管理社区公共事务。社区的正常运行会涉及很多事务，而居委会的一项重要工作就是处理各种社区公共事务，这主要包括向社区居民大会或社区成员代表会议负责，并定期汇报工作，努力完成其提出的各项任务；在国家法律、法规和政策允许范围内，自主决定社区各项事务；办理社区居民的公共事务，开展共驻共建，筹措社区公益事业资金，管理和维护集体资产等。

（6）以经济建设为基础，开展环境保护工作。随着经济社会不断发展，人们在享受经济发展带来的成果时，也开始反思经济发展对环境造成的破坏，因此环境保护已经成为社会发展的重要方面，这在社区建设工作中也应该有所表现。居委会应该组织社区成员进行自治管理，做好社区卫生、社区环境、社区治安等各项工作，为社区经济实力的壮大和发展服务。

3.社区居委会的设立及组成

（1）社区居委会的设立。按照我国法律规定，社区居民委员会是指在城市实行社区自治的组织。在社区建设中，我国多数地方对原有的居民委员会进行了改革和调整，组建了社区居民委员会。尽管和原来居民委员会的范围相比，社区居民委员会管辖范围大大扩展，从原来的 100～700 户扩展到 1000～2000 户，但是，社区居民委员会在其成立及运行的诸多方面依然沿用居民委员会的法律法规。

为了更好地管理社区居委会，我国颁布了《居民委员会组织法》，此外各省、市、自治区根据其实际情况做出了更为具体的规定，按照相关法律法规，社区居民委员会的划分、设立、撤销或规模调整应按照便于居民自治、方便群众直接管理地区事务的原则进行，居住区域的划分可以以街、胡同、巷、围墙或者河流等为界限；在实际操作中，一般由街道办事处提出（有关居民或组织也可向街道办事处提出要求），报所在未设区的市、市辖区人民政府审定，并报上一级人民政府备案。

（2）社区居委会的组成及机构。一般情况下，社区居委会的组成成员包括主任、副主任和委员，这些人员需要按照相关法律规定，以民主原则为基础进行选举而产生。社区居民委员会成员的选举，可以采用直接选举方式进行，也可以采用间接选举方式进行。也就是说，可以由社区全体有选举权的居民或者每户派代表选举产生，也可以根据居民意见由每个居民小组先选举居民代表，再由居民代表进行投票选举产生。选举由社区全体有选举权的居民、户代表过半数，或者三分之二以上的居民代表参加，方为有效；候选人须获得参加投票人数过半数选票，方能当选。居民委员会成员每届任期三年，可以连选连任。社区居民委员会下设人民调解、治安保卫、公共卫生、计划生育、环境和物业管理等工作委员会，各委员会的主任可以由居民委员会成员兼任，也可以另行聘任。

4. 社区居委会自治的表现形式

（1）社区居委会实行民主选举。社区居委会保证其民主自治的基础，就在于其实行民主选举制度。法律赋予社区居民在社区自治中拥有选举和被选举的权利。《居民委员会组织法》明确规定："居民委员会主任、副主任和委员，由本居住地区全体有选举权的居民或者由每户派代表选举产生；或者根据居民意见，也可以由每个居民小组选举代表二至三人选举产生。"并且规定撤换和补选居民委员会成员，必须经过居民会议讨论决定。居民小组长也要由居民小组推选产生。民主选举遵循“选民登记-公布条件-报名-资格审查-初步选举-正式选举”的选举程序，贯彻差额选举、双过半数、公开计票、无记名投票等原则，结合直接选举和间接选举两种方式，整个过程应当公开、公平、公正。

（2）民主决策。不仅要推行民主选举制度，社区居委会自治还需要保证民主决策，这是其实现自治的根本要求。民主决策要求在居民自治的规则和程序方面，保证广泛的人民参与，倾听意见并集中民智。社区成员代表大会是社区民主决策的主要机构。社区的重大事项由社区成员代表大会决定，社区居民委员会负责执行。在日常事务的决策中，主要是社区居民委员会和社区党组织讨论形成初步意见，再交社区协商议事委员会讨论通过。在民主决策的过程中要充分考虑社区居民的意见，重视社区居民的参与。正如美国政治家科恩所讲：“民主是一种社会管理体制，在该体制中社会成员大体上能直接或间接地参与或可以参与、可以影响全体成员的决策。”

（3）民主管理。社区居委会必须在其工作全过程中贯穿民主理念，也就要求居委会必须实行民主管理。社区居民委员会是社区民主管理的主要机构，代表社区居民管理社区公共事务。社区民主管理以建立在社区居民同意基础上的权威的合法性为基础，以少数服从多数为组织原则，以社区文化、社区治安、社区教育、社区环境、社区服务、社区卫生为主要内容。社区民主管理依靠社区居民，强调社区居民的参与。

（4）民主监督。民主监督是保证社区居委会贯彻民主理念的重要途径，同时是促进居委会不断完善自身建设的重要途径。居务公开和民主评议是保证居民知情权和监督权的主要形式。社区居民对社区居民委员会的工作实行民主监督，对不称职的社区居民委员会成员，可以向社区成员代表大会提出撤换、罢免建议。《居民委员会组织法》明确规定：“居民会议有权撤换和补选居民委员会成员。”

（二）农村社区自治组织

1. 农村村民自治的含义及特点

与城市社区自治不同，农村社区自治主要表现为农村村民自治，村民自治是一个多层次的综合概念。它既是一种基层制度体系，也是一种运行方式机制，更是一种治理模式状态。市村民自治的地域范围是村，即按自然村落划分的居住单位，自治的主体是居住在农村的村民。由于农村的生产资料主要是土地，而土地为集体所有，农民无可选择地成为集体中的一分子，因此农民加入村民委员会自治组织，并非由于农民本人自愿申请而加入，而是生下来，凡具有本村农业户口的，即成为自治体成员。村民自治组织不属于国家政权系统，村民委员会成员不属于国家公职人员，而是从本村中直接选举产生，不脱离生产劳动。自治的内容是本村的公共事务和公益事业，即本村的村务，村民自治权只能是依法行使，办理公共事务的主要手段是非强制性的，建立在说服教育的基础上。

农村村民自治的本质是由村民实行直接民主，在整个农村基层社会组织体系中，农村村民自治占有重要地位，它有着农村其他基层社会组织不具有的特点。

（1）民主性。村民自治的民主性主要体现在内容方面。《村民委员会组织法》第二条明确规定："村民委员会是村民自我管理、自我教育、自我服务的基层群众性自治组织，实行民主选举、民主决策、民主管理、民主监督。"这项法律规定明确说明这既是村民自治本质决定的内容要求，也是村民自治制度区别于、先进于历史上其他农村基层管理制度的根本特征。首先，民主选举是村民自治的基础。其次，民主决策是村民自治的核心。再次，民主管理是村民自治的关键。最后，民主监督是村民自治的保障。

（2）多样性。村民自治的多样性主要是指自治形式多种多样。村民自治是由中国广大农民群众基于自身实践创造的，是广大农民在取得经济自主权的同时，争取政治自主权的成功尝试。在党和政府的积极支持下，广大农民在依法推进村民自治过程中，对村民自治的具体形式结合本地实际情况，又进行了一次次成功的改进和创造，使村民自治的形式丰富多彩，呈现出多样性的特点。例如，吉林省梨树县农民在选举活动中首创“海选”方式，山西省河曲县农民创造了“两票制”，许多地方的农村在选举中引入了竞选机制，增加了选举的公开性和透明度；为了打破人情关系的阻碍，在选举时设立了秘密投票间；为了便于外出打工农民的政治参与，有些地方的农村创造了“函选”“流动票箱”等形式；为了更好地行使民主决策权利，农民们创造出了全体村民会议、户代表会议和村民代表会议的新型民主决策机制；在民主监督和村务公开等方面也是各出高招，监督方法和手段各有特色。

(3)地域性。村民自治的地域性主要是指其自治范围呈现显著的地域性特征，也就是说村民自治只有在一定范围内才可以发挥作用。根据2010年10月28日公布实施的《中华人民共和国村民委员会组织法》(以下简称《村民委员会组织法》)第三条规定，村民委员会是“根据村民居住状况、人口多少，按照便于群众自治，有利于经济发展和社会管理的原则设立”。第八条规定：“村民委员会依照法律规定，管理本村属于村农民集体所有的土地和其他财产，引导村民合理利用自然资源，保护和改善生态环境。”可见，按村民居住状况、人口数量，便于自治，有利于经济发展和社会管理的原则来设立村民委员会，充分考虑了地域特点，有利于广大农民在自己熟悉的地域环境和经济状况以及文化传统下行使民主权利，管理本村自然资源，保护和改善环境。

(4)自治性。自治性是村民自治的本质属性，而这种本质属性是由农村村委会的性质决定的。《村民委员会组织法》第二条规定：“村民委员会是村民自我管理、自我教育、自我服务的基层群众性自治组织。”

(5)复杂性。我国是农业大国，农村在我国发展过程中始终发挥着重要作用，农村也是广大农民繁衍生息的地方。随着农村各项事业的发展，农村所具有的政治、经济、文化、社会保障与治安等方面的功能都十分突出和复杂，社会生活中的各项事务构成了农村社会的基本内容。《村民委员会组织法》第八条、第九条、第十条对此已做出了明确规定，归纳起来包括以下几个方面。

首先，村委会需要办理本居住地区的公共事务和公益事业。具体内容包括：修建乡村道路、社区基础设施、兴修水利，美化农村居住环境，举办各种服务性事业，举办社会福利事业，兴办公共卫生事业，兴办农村基层文化教育事业等。其次，村委会需要调解民间纠纷。根据我国的传统习俗，农村的一般性民间纠纷，往往都是村民自己解决的。村民委员会作为村民自己选举产生的村民自治组织，其成员在村民中有较高的威信，对本村情况和人际关系比较熟悉，对解决村民纠纷往往有经验、懂方法，所以他们有条件及时调解和解决纠纷，制止矛盾的发展，避免矛盾的激化，维护良好的社会秩序。最后，村委会需要协助维护社会治安。在我们这样一个人口众多、地域辽阔的超大社会，单靠公安机关来维持社会治安是远远不够的，必须动员和组织广大人民群众参加社会治安工作，实行社会的综合治理。

(6)群众性。农村村委会的组成成员为本村村民，对于农村这一单位而言，全体村民都有权参与本村的民主自治。《村民委员会组织法》第二条明确规定："村民委员会是村民自我管理、自我教育、自我服务的基层群众性自治组织。"村民自治工作的组织者村民委员会由村民直接选举产生，任何单位和个人都不得任意委派和变相指定产生，村民委员会成员来自本村村民，享有选举权的本村村民都有机会被选为村民委员会成员；村民委员会成员不脱离生产，且有一定的任期规定，即使是在任期内也要受村民监督，若大部分村民对其工作不满意，本村五分之一以上有选举权的村民或者三分之一以上的村民代表联名，可以要求罢免村民委员会成员。村民委员会是村民的代表和利益维护者，他们代表本村村民的合法利益并向上级人民政府反映村民的意见、要求和提出建议；同时国家法律和政策规定了在法律规定的范围内，村委员会要带领广大村民积极从事生产等各项活动，推进农村的两个文明建设。

(7)系统性。以村民为单位的农村自治活动只有在一定的组织结构内才可以顺利展开，在村民自治中，其组织形式和结构在很大程度上是其管理范围、程度和方式的决定因素，决定着村民权利的行使和保障，具有十分重要的意义。根据我国《村民委员会组织法》和广东省的相关规定以及实践来看，村民自治的基本组织结构主要有三个层次，即由全体村民参加的村民会议或由村民代表参加的村民代表会议、由村民选举产生的村民委员会及专业委员会、村民小组会议。其中，村民会议或村民代表会议、村民小组会议是决策机构，村务监督委员会是监督机构，村民委员会是执行机构，村民小组是任务的具体落实者，三个层次各有分工，各司其职，相互配合，密不可分，构成了系统的组织结构。随着我国经济社会的发展，村级社区形成相当的经济实力，管理大量的社区资源，还要提供公共的社区管理服务，因而结构更复杂。

2. 农村村民自治的主要内容

农村实行村民自治，研究村民自治必须深刻了解其内容，而村民自治的内容实际上就是村民在村民自治活动中享有的各种合法权利。根据《村民委员会组织法》第二条的规定，村民委员会是村民自我管理、自我教育、自我服务的基层群众性自治组织，实行民主选举、民主决策、民主管理、民主监督。这表明村民自治的内容包括自我管理、自我教育、自我服务。

(1)民主选举。民主选举是村民自治实现的基础，《村民委员会组织法》中明确规定，村民委员会的成员、主任和副主任，要由村民民主选举产生，任何组织和个人不得指定或者委派。村民选举实行普遍、平等、直接提名候选人、差额竞选、无记名投票、公开计票等原则。

(2)民主决策。民主决策是指对于涉及村民切身利益的事项，必须通过民主的方式做出正确决策，保证决策结果符合民心所向。《村民委员会组织法》第二十二条、第二十六条和第二十八条明确规定，涉及村民切身利益的事项，必须由村民召开村民会议或村民代表会议民主讨论，按少数服从多数的民主议事规则做出决定。

(3)民主管理。民主管理是村民自治实现真正自治的重要内涵，其内容丰富。民主管理囊括了村内社会生活各个方面和领域的事项，直接关系村民的切身利益，具体来说，民主管理主要包括村级财务、集体资产、承包合同、农民负担等内容。《村民委员会组织法》第二十三条规定了九项必须提请村民会议决定的事项，要求村民直接参与决策，可以视为村级民主管理的主要内容。

(4)民主监督。民主监督是村民自治落实的保障，是促进村民自治不断改革和完善的关键环节。民主监督实际上就是指由村民对村民委员会的工作和村内的各项事务实行民主监督。《村民委员会组织法》第十六条规定，本村五分之一以上有选举权的村民或者三分之一以上的村民代表联名，可以要求罢免村民委员会成员，第三十二条规定，农村应当建立村务监督委员会或者其他形式的村务监督机构，负责村民民主理财，监督村务公开等制度的落实。

第五章　社区工作者队伍能力建设与提升

社区工作者是活跃在我国社区建设工作第一线的社会工作者队伍，是专门从事中国社区社会工作的专业人员。社区工作者能力和素质的高低直接关系到社区发展水平，关系到社会的和谐、稳定与发展。当今世界正处在深刻而复杂的变动中，在新的历史条件下，各级社区工作者肩负的责任更加重大，面临的情况更加复杂，仅有出色的组织领导才能和驾驭复杂局面的能力是不够的，还要有较好的素质修养。社区工作者素质修养如何，直接影响着社区的发展和社会进步。因此，新形势下如何建设一支高素质的社区工作者队伍是摆在我们面前的重大课题。在新的挑战面前，社区工作者只有不断地学习与实践，努力提高自身综合素质，加强个人修养，才能满足时代发展的需求。

第一节　社区工作者队伍的构成和特点

一、社区工作者的概念

社区工作者是指在社区中工作的社会工作者，他们在社区工作中组织社区居民、维护社区资源，进而解决社区问题。他们或由政府机构雇佣，或者在非营利性福利机构工作，是促进社区进步和发展的专业社会工作者。

二、社区工作者的构成和特点

(一)居(村)委会干部队伍

《中华人民共和国城市居民委员会组织法》第7条规定:居民委员会由主任、副主任和委员共5～9人组成;第8条规定:居民委员会主任、副主任和委员,由本居住区全体有选举权的居民或者由每户派代表选举产生。《中华人民共和国村民委员会组织法》等9条规定:村民委员会由主任、副主任和委员共3～7人组成;第11条规定:村民委员会由主任、副主任和委员,由村民直接选举产生。这表明,居(村)委会干部具有以下几个特征:

第一,居(村)委会成员是经民主选举产生的。村委会干部由村民直接选举产生,居委会干部一般由居民代表选举产生,很多地方也在积极探索,不断扩大直接选举。随着民主选举制度的不断完善,许多优秀的下岗职工、大学毕业生、青年转业军人参加竞选,居(村)委会成员的结构不断改善,居(村)委会干部的素质不断提高。

第二,有严格的属地性,一般是本社区的居民和村民。

第三,人数有限制,村委会有3～7人组成,居委会有5～9人组成。

第四,一般领取政府补贴。许多地区都很重视提高居(村)委会干部的待遇,使其收入达到当地职工收入的平均水平,并使其享受养老保险、医疗保险等社会保险待遇。

第五,以人为本、为民服务。以人为本是社区工作的核心,也是居(村)委会干部的突出特点。

居(村)委会干部以社区事业和社区居民为服务对象,从事大量的社区日常事务工作,他们宣传国家的法规和政策,办理居民的公共事业,协助政府做好与居(村)民利益有关的各项工作,居(村)委会干部是我国社区工作者的主力军。

（二）社区社会工作者

社会工作者按照社会工作的价值准则办事，是从事职业性社会服务的人员，以专业工作方法参与社会工作。社区社会工作者就是以社区为工作对象的社会工作专业人员，与居（村）委会干部相比，有如下四个特点：

第一，以"助人自助"为宗旨。现代意义的社会工作是工业化的产物，具有悠久历史，社会工作者被称为"社会工程师"。社会工作者面对求助者不但要提供直接服务式帮助，也要鼓励受助者在可能的情况下自强自立、克服困难，即"助人自助"。"助人自助"在我国表现为全心全意为人民服务，不以谋取私利。

第二，掌握一定的社会工作专业方法。社区社会工作者普遍受过良好的专业教育，能够综合运用社会工作方法开展社区服务，如个案工作、小组工作、社区工作等。

第三，突破属地限制。社区社会工作者可以在一个社区，也可以在多个社区从事专业服务。专业服务的主要内容有：残疾人服务、老年人服务、家庭服务、儿童服务等。

第四，领取受聘工资。社区社会工作者以社会工作为职业，具有一定职业资格，受聘于某个社区组织或机构。在我国香港地区，社会工作者有很高的职业声望，他们享受与国家公务员相近的薪酬待遇。

社区社会工作者在我国大陆地区初露头角，它是在我国社区建设与发展的新形势下应运而生的一支新兴的社区工作者队伍，从未来我国社区发展的趋势看，这支队伍将成为社区建设与管理的生力军。

（三）社区志愿者队伍

《中国志愿者章程》明确规定：志愿者是自愿为社会和他人提供无偿服务和帮助、扶危济困、倡导公德、伸张正义的优秀分子，志愿者秉承"奉献、友爱、互助、进步"的志愿者服务精神，为大众贡献，奉献社会。中国社会工作协会社区志愿者工作委员会的宗旨是：弘扬无私奉献的志愿者精神，积极为社区的单位、成员、公共福利和社会公益事业提供帮助和服务，推动社区建设事业，构建和谐社区，促进社区组织、政治、文化的可持续发展。由此可见，社区志愿者队伍具备如下两个特征：

第一，自愿服务。《中国志愿者章程》第一条规定：凡年满 14 周岁，具有奉献精神和参与活动的基本素质的社会成员，随时随地都可以以志愿者的名义，为社会或他人提供服务或帮助。凡能够从事一定时间的志愿服务工作的爱国守法公民，可自愿加入志愿者组织。

第二，无偿服务。《中国志愿者章程》第二条规定了志愿者誓词：我愿意成为一名光荣的志愿者。我承诺：尽己所能，不计报酬，帮助他人，服务社会，践行志愿者精神，传播先进文化，为建设团结互助、平等友爱、共同进步的美好社会贡献力量。

社区志愿者队伍具有鲜明的利他性和无偿性。志愿者的数量是衡量社区文明程度高低的一个重要标志，在一个社区中，如果有 1/3 的人愿意做志愿者，那么这个社区人际关系就会非常和谐。

三、社会工作者的角色定位

社区工作的对象是社区。通过社区工作，可调整或改善社会关系，减少社会冲突，寻求社会福利需要与社会资源的有效配合，以满足需要、消除问题、改善社区生活、促进社区进步、改善权力与资源的分配。在这些工作过程中，社区工作者主要扮演的角色如下所述：

第一，领导者的角色。社区工作者引导社区建立其本身的目标，主动鼓励社区发现问题并采取解决问题的行动。

第二，促成者的角色。鼓励社区讨论问题，促成社区居民组织起来共同工作，以良好的人际关系获得居民的信任，共同达到社区的目标。

第三,专家的角色。进行社区分析与诊断,提供研究方法与资料,将其他社区的资料、经验和社区的评估及工作评价作为本社区制定决策的参考。

第四,社会治疗的角色。了解社区内人与人之间、团体与组织间的竞争压力以及紧张与冲突的存在,通过社区领导人物来缓和、消除与调和这些现象。

第五,计划者的角色。分析社区的问题,提出可能的解决途径,作为社区居民的决策参考。

第六,倡导者的角色。使社区居民知道自己的需要,并加强对其需要的认识,帮助他们达到目标。

第七,启发催化的角色。通过社区工作者的计划、引导,使社区居民自主参与社区活动。

第八,支持鼓励的角色。对社区需要帮助的人予以支持和鼓励,让他们积极参与社区的各项活动。

第九,协调联络的角色。社区工作者是政府与社区居民的桥梁,起着协调联络的作用。

第十,资源中介的角色。社区工作者通过对社区背景的了解,能够充分利用社区资源为社区居民服务。

四、社区工作者的任务

(一)服务提供

为社区和居民提供社会服务是社区工作者的基本职能,也是社区工作的基本目标。社区工作者既可以以直接的方式提供社会服务,也可以以间接的方式提供社会服务。社区工作者以直接方式提供的社会服务包括:为社区居民和家庭提供必要的辅导,帮助他们解决问题,增强对社会生活的适应能力;为社区的儿童、老人、残疾人、家庭暴力受害者等提供保护和照顾;为贫困者和陷入困境的人士提供救助、咨询和支持等。与此同时，社区工作者也可以充当中介者，提供间接服务。社区工作者熟悉社区内物资、人际关系等资源分布，了解并熟悉社区资源和其他社会资源的程序与渠道。所以，可以使居民的需要得到满足，解决好遇到的问题。

（二）政策执行

社区工作者需要处理大量的行政性事务，这里的“行政”是指一种管理活动。在社区工作中，社区工作者承担着贯彻社会政策和机构的工作方案的责任，经常需要以行政者的身份执行政策、制订服务和工作方案。一个发展完善的社区工作机构，其管理上的任务通常十分复杂，并且都是高度技巧性的工作。社区工作者需要知道如何进行成本效益分析、配置资源、发展公共关系等，要知道如何安排会议，以应对工作及服务对象的需要等。总之，要做好社区工作，使政策切合实际，社区工作者必须具备专业教育背景和一定程度的管理技巧，熟悉机构的功能和社会政策同样也必不可少，如此才能更好地将社会政策转化为社区的服务目标。

（三）居民组织

社区工作者根据工作目标服务社区居民，集中利用资源，有组织地在活动中形成合力，从而更加有效的解决社区问题，满足居民的需要，促进社区以及居民的发展。在此阶段，社区工作者宣传与鼓励群众，引导他们自行组织，并且与群众确定组织目标，完善组织结构和工作模式，进而高效开展社区发展和建设活动。不论在什么环境和模式下开展社区工作，社区工作者都需要是一个合格的“组织者”。

（四）维护权益

社区工作的重要内容包括服务社区居民，维护居民的利益。社区工作者需要尽全力帮助社区居民增强权利意识，在他们受到机关、团体与个人对其合法权益的损害时能够合理使用法律武器维护自身权益。呼吁政府、社会和有关人士关注社区的利益和需要，必要时可拿起法律武器来维护社区的权益。社区工作者代表并维护社区合法权益，以正当的手段维护社区和社区居民的合法权益。

（五）利益调解

在社区中有着众多的个人、家庭、群体和组织，不同的个人和群体之间的利益难免会发生冲突，即使目标一致，彼此的行动也可能出现分歧。社区工作者在从事社区公共管理和社会服务的过程中，要对个人和群体之间的利益进行协调，解决社区的矛盾和利益冲突。社区工作者要本着公平的原则，为矛盾冲突的双方建立沟通的桥梁，帮助双方进行协调，最终确定符合双方利益的解决方案，同时也让双方认识到彼此的关系是互相依存、互相促进的，在推动社区与自我发展的前提下解决问题、达成共识，使双方权利都能得到保证。

（六）公众教育

在社区中，社区工作者扮演的大众教育者角色是很重要的。通过开展社区教育，社区工作者可以帮助社区居民学习如何更有效地完成生活中一般性与特殊性的任务，帮助社区居民学习更为科学有效地处理人与人、人与社区、人与社会的关系的方法，预防各类问题的形成与发展，帮助社区居民增加对社会问题的了解。例如，我国的人口与计划生育的宣传教育、艾滋病知识宣传、环境保护宣传等，都会达到公众健康意识提高与环保意识提高的效果。

社区公众教育还能帮助社区居民关注社区的问题，并积极参与问题的讨论与解决，改变人们的态度、价值观和行为规范。在这些公共教育活动中，社区工作者可以更有力地在公共教育活动中发挥其影响力。社区工作者在社区发挥的教育功能是多角度、多方面的，这种教育活动不仅可以服务于社区居民个人，更多的则是要服务于社区和群体，如开办社区学校、开展法制教育、社区公民道德教育、科普教育、下岗职工的再就业培训、青少年社会教育等。

五、社区工作者的工作原则

（一）法制管理原则

社区工作者通过法制进行社区管理是一项基本手段，也是社区工作者管理的发展趋势和必然要求。由于社区工作要涉及社会生活的方方面面，社区工作者和被管理者之间存在着一系列的法律关系，因此要搞好社区管理，社区工作者就必须以法律为准绳，明确有关各方的责、权、利。这一方面要求社区工作者必须不断提高自身的法律意识和依法管理的能力，在法律赋予的权限内行使自己的管理职能，严格依法管理；同时，也要求被管理者懂法守法，自觉规范行为。唯其如此，社区管理的权威性才能体现。

（二）专业化管理原则

社区工作者的社区管理是一种综合性工作，它包括社会治安、社会服务、社会环境、社会文化、卫生、教育管理等，行业的覆盖面比较广。许多业务的操作都需要有一定的专业知识和职业技能，特别是在现代化城市社区中，在现代化生活条件下，社区居民需要的服务日益复杂，也就使社区管理面临的专业化要求越来越高，可见专业化管理将是社区管理的一大趋势。

（三）渐进创新原则

渐进创新是适应中国国情的原则。由于中国人口众多、幅员广阔，因此各个社区之间存在着很大的差异。例如，在计划经济体制下以“单位人”身份形成的老社区和改革开放后以“社会人”

身份形成的新社区就具有明显的、不同的时代烙印。

加之我国真正意义上的社区管理才刚刚起步，由于经济发展水平的不平衡以及各地千差万别的地方背景等诸多原因，使得全国很多地区都尚未形成一种既适合国家大环境又能够与地方背景高度协调的有效社区管理模式。综合考虑我国的这些现实国情，要求社区工作者只能本着渐进创新的原则，充分发挥全体成员的积极性和创造性，创建本土化的管理模式。

（四）系统管理原则

系统管理是指社区工作者在管理过程中，对社区的各个被管理要素进行计划、组织、协调、监督、控制，以期获得最佳的整体效益。根据系统管理原则，一方面，要将社区管理纳入社会大系统中，与社会发展同步进行。社区是社会大系统中的一个子系统，它的发展必须符合社会的整体规划，必须服从社会发展的整体需要。同时，各种社区问题的解决也必须依靠全社会的力量；另一方面，社区作为一个独立的系统，也是由若干个要素组成的，如社区组织、社区教育、社区治安、社区环境、社区卫生等，这些要素相互联系、相互作用。社区工作者需要从社区整体出发，将社区的卫生管理、教育管理、组织建设以及环境建设等专业化管理纳入社区系统发展的总目标中，从而进行综合性的统筹管理。

第二节　社区工作者队伍的能力和素质要求

一、社区工作者队伍的能力

（一）需求调查的能力

每个社区都有其独特性，各个社区类型不一样，所处的地理位置不一样，其需求也不一样。社区工作者要有针对性地开展社务，就需要了解所在社区的基本情况、特点、民情等，最重要的是运用社区参与式观察、社区漫步、社区拜访、社区访谈、社区统计等方法来了解社区所面临的各种问题，掌握社区居民有哪些真实的、合理的需要，在服务时才能有的放矢。社区工作者需要对居民需求进行充分的调查。进入居民家中进行入户采集信息，处理居民反映的热点、难点问题是开展社区工作中最重要的一个环节，这也是了解社情民意的重要途径。具体的步骤和方法如下所述：

一是在到访时清楚介绍自己，让居民了解到访者的身份以及到访的意图，取得居民的信任，以保证之后居民对采访的配合；

二是要仔细观察。通过居民的住房装修、个人的言谈装扮等方面初步了解主人的生活经济状况；

三是从屋内的摆件了解主人的兴趣爱好以及特长；

四是可以通过抄录户口本、结婚证等有效方式获得第一次入户的居民的基本信息；

五是在交谈中根据居民的性格气质，发掘话题点进行引导，进一步引导其介绍家庭经济状况，家庭成员及其特长、爱好、身体健康状况等；

六是根据基本信息、住户特点、性格表现等表现出来的需求愿望，综合判断此户居民属于哪种服务对象，是否是能够发展的对象，并将住户需求进行分析总结，判断这些需求是否属于其他小区和居民的共性问题，一次掌握针对居民的有价值的信息以及社情民意；

七是入户到访完结后，总结小区居民结构特点，判断小区定位，以及主要人群是以在职居民、贫困居民、老年人等哪类人群为主，从而定位小区能够开展的特色工作活动。

（二）宣传、策划、组织社区活动的能力

宣传党和政府的政策和法规，用社区居民喜闻乐见的活动形

式调动社区居民参加社区活动，培养社区居民的归属感，培养守望相助的社区功能，恢复传统社区的凝聚力，这些都需要社区进行宣传、策划与组织。这就对社区工作人员的宣传、策划、组织社区活动的能力提出了更高要求。在社区工作中，社区管理者应具有活动管理、人员管理能力，并且具备必要的经济分析能力，做计划、决策的能力，协调控制的能力，评估预测的能力，领导下属完成任务的能力等。

（三）与居民沟通的能力

沟通就是人与人之间传递信息、交换思想和交流情感的过程。在沟通中有地位身份障碍、组织结构障碍、个性障碍、文化障碍。沟通是一门极深的无形艺术，与居民沟通会受到很多因素的制约，是一件既简单又困难的事情。驻区单位是社区的一支重要力量，社区工作者要注重在与其联系时的态度，要态度大方、自信、语言不卑不亢、具有同理心；在与居民沟通时要注重提高自己的语言表达能力，讲究沟通方法和技巧，训练好自己的语言沟通能力。

萨提亚、贝曼在《萨提亚家庭治疗模式》一书中提出五种典型的沟通模型，如下所述：

(1)表里一致型沟通(最理想的沟通)。此沟通是建立在高自我价值的基础之上。具有该模式的人表情流露和言语一致，内心和谐平衡，自我价值感比较高。

(2)讨好型沟通。忽略自己，内在价值感较低。言语中经常流露出“这都是我的错”“我想要让你高兴”之类的话。行为上则过度和善，习惯于道歉和乞怜。

(3)超理性型沟通。沟通时极端客观，只关心事情合不合规定，是否正确，总是逃避与个人或情绪相关的话题。他们告诫自己“人一定要有理智”“无论如何，一定保持冷静、沉着，绝不慌乱”。

(4)责备型沟通。沟通时，常常忽略他人，习惯于攻击和批判，将责任推给别人。“都是你的错”“你到底怎么搞的”是他们的口头语。

(5)打岔型沟通。沟通时永远抓不着重点，习惯于插嘴和干扰，不直接回答问题或根本文不对题。他们内心焦虑、哀伤，精神状态混乱，没有归属感，不被人关照，还常被人误解。

以上是几种典型的沟通方式。在实际工作中，我们可能面对几种混合状态下的沟通，这要求社区工作者要学会用良性的沟通方式去回应社区服务对象的需求。

(四)发现并整合社区资源优势的能力

在从事社区建设的工作中，社区最重要的资源是全体居民，党员群体是重中之重的宝贵政治资源。

第一，要充分调动党员的积极性，通过联合党支部，聚集组织关系属于不同地方但居住在同一小区的党员，开展共同的活动。一方面，这类活动可以激发党员对自身责任的认识，使党员在社区建设进程中发挥模范带头作用；另一方面，也可以巩固党员在居民心目中的形象，奠定党员的领导核心地位。

第二，充分调动居民的积极性，根据居民群体的特点，结合公共利益与需求来调动居民参与社会事务的积极性。比如可以在社区举办满足居民文化需要的文艺活动，维护居民公共利益的业主委员会，将党员、居民都动员起来，提供奉献爱心的平台，举办各种居民共同参与的社区活动，积极拓宽参与渠道的形式。

第三，学会资源的整合。所谓资源整合，就是在特定的区域范围、空间范围和时间范围内，以机制为主导，优化环境，合理动员利用和科学有效地配置自然资源。社区中有大量的人力、信息等各方面的资源，社区工作者要学会进行整合，从而更好地完成社区管理和服务工作。

(五)处理社区矛盾的能力

社区建设的进程中，社区居民的期望以及利益诉求越来越多,同时矛盾也越来越多。处理社区内公共事务,不能想当然地进行操作,需要在充分了解情况的基础上,了解民情,听取民意,进行集体决策,民主解决,善于用各种形式化解社区纠纷。比如通过居民代表大会业主委员会、小区楼长会、小区联合党支部会等多种形式,配合相关部门一起来解决,从而不断地提高居民自我服务、自我管理的能力。

(六)社区文书写作能力

社区管理者要进行宣传,不仅要有较好的语言表达能力,还要具有一定的文字写作能力,如公文、公函、宣传资料、总结报告、工作计划、项目申请等。因此,过硬的语言文字表达能力是社区管理者应有的本领。

(七)创新能力

社区管理离不开创新。思维创新能力通常是衡量社区管理人员水平的重要指标。优秀的创新能力不能一蹴而就,需要长期的过程来实现,它需要长期的培养和实践锻炼。尤其是正规的社区管理职业培训和专业教育,这对于培养社区管理人员的创新能力有着不可替代的作用。创造性思维有多种具体的形式,最常见的有两种:一是发散式的,是针对同一事物从多视角、多层面形成各种新观点的过程;二是聚敛式的,它是合逻辑地对各种观点进行评判、评论和选择其中最佳观点的过程。随着社区工作的不断深入,社区工作的要求也越来越高,故需要应用创新思维把社区工作推向一个新的高度。

(八)应变能力

具体来说,应变能力需要根据不断变化的主客观条件,针对性的调整自身行为。

社区工作者需要在工作过程中根据事物的发展,根据当时的局势做出针对性的调整。随机应变能力,“应变”不能抛弃原则,根据客观事物的变化与一切可能的条件，采取灵活的“应变”对策。做到对应性应对，最终达到预定的目标。现代应变能力，要求科学的判断，原则性和灵活性的统一，在已经知道目标情况无法达成的前提下果断停止，及时控制现有状况，转移现有的重点；在知道现有状况坚持就能达成最终目标的情况下，排除一切困难与干扰，用各种方法去达成目的；在已经实现阶段目标的前提下能够保持清醒，继续下一步的规划，激励前进；在发现现有情况发生变化时，不管是发生在领导者身上还是作用对象身上，依然能够继续坚持拟定好的计划，随机应变，临场做出最适合当时的决策来适应新的状况。

二、社区工作者队伍的素质要求

（一）政治素质

在社区工作者的诸多素质中，起着决定和主导作用的是政治素质，它决定和影响着其他素质的形成和发展。

1. 政治素质高低的标志

社区工作者的政治素质由政治理论水平和政治观点、态度、政治远见和政治敏感性、思想作风、工作作风这几个相互关联的方面构成。

社区工作者政治素质的关键是政治理论水平和政治态度、立场，它是社区工作者政治水平高低的前提，是领导有无政治远见的决定因素，也是社区工作者思想作风、工作作风的内在动力。政治素质的高低是社区工作者素质高低的主要标志，这主要是说政治理论水平和政治观点、政治态度在社区工作者素质系统中的重要作用。

世界观指的是人们对整个世界的观点和看法，是客观物质世界在人们头脑中的反映。人们在一定历史时期能够达到的知识水平以及受社会制度的影响形成个人的世界观，会随社会的发展而不断发展。马克思主义世界观是唯一科学的世界观，是无产阶级及其政党认识世界和改造世界的理论武器。

世界观支配人们的思想和行动，决定着人们观察和处理问题的观点、角度和行事方法，制约着人们面对内外事物的态度与应对，调整着人和外部世界的关系。世界观不同，人们观察和处理问题的观点和方法就不同，从而在认识世界和改造世界的实践中所起的作用也就不一样。正因为世界观有着如此鲜明的实践意义，所以先进的、科学的世界观会引导人们来适应社会的发展，以取得人类社会的进步，从而推动历史的发展；反之，反动的、落后的、消极的世界观会阻碍社会的进步，成为历史发展的障碍。

由以上分析可以看出，世界观的正确与否决定了一个人素质的高低。一个人即使有再高的天赋、再强的能力、再深的学问，如果离开了科学的世界观，也有可能迷失方向、误入歧途。所以，社区工作者必须依靠正确的政治观念来统率正确的行为，用较高的政治素质来保证较高的领导素质。

2.政治素质的主要内容

第一，政治上同党和政府保持一致。社区工作是我国构建社会主义和谐社会的重要组成部分，政治意义十分重要。同时，社区居民多样，期望要求千差万别，社区工作者又面临新的矛盾和问题。清醒的头脑，旗帜鲜明地坚持党的领导，维护政府地位与权威，保持社区稳定和谐是需要社区工作者不断保持的。因此，与党中央和政府在政治上保持一致，是社区工作者的核心政治素质，也是对其最基本的政治要求，是每位社区工作者都要遵守的政治纪律。

第二，坚持贯彻党的根本工作路线是群众路线，群众路线的基本点是相信群众、依靠群众、一切为了群众。党的群众工作的重要内容包含社区工作。发动社区居民利用社区资源解决社区问题，建设和谐社区，不断满足社区居民日益增长的物质文化需要。

由此，社区工作者需要自觉坚持贯彻党的群众路线，坚持以人为本，服务居民，把广大居民的群众利益作为一切工作的核心以及重中之重，做好为人民服务的社区工作。

第三，要以马克思主义中国化的最新成果为指导。马克思主义理论作为科学的世界观和方法论，是人民群众的指引风向标，也是社区工作者的风向标和行动规划指导。社区工作者只有掌握马克思主义理论的立场、观点和方法，才能正确了解、认识、分析新情况和新问题，才能正确贯彻党的路线、方针和政策，才能在复杂的社会环境中坚持正确的政治方向。从一定意义上讲，社区建设水平的高低取决于社区工作者马克思主义理论水平的高低，理论水平高，对党的纪律法规、方针政策的理解就全面、准确，就能从社区的实际出发，创造性地贯彻执行。因此，社区工作者必须努力学习马克思主义、毛泽东思想，特别是马克思主义中国化的最新成果，以此为指导，不断提高自己了解事物的水平和解决实际问题的操作能力，这是时代背景要求下赋予我们不可推卸的神圣使命。

第四，具有良好的工作行为以及风气。长期以来，社区居委会干部深入群众、深入实际、勇于吃苦、乐于奉献的工作作风给居民群众留下了深刻的印象，在新的形势下，这些优良的传统和作风更要发扬光大。结合新的情况和问题，理论与实践结合，丰富发展内容，使联系群众的作风、实事求是的作风、艰苦奋斗的作风在和谐社区建设中更好地发挥作用。社区是社会的缩影，是社区工作者能力的发挥场所。不与群众结合，纯理论行动，难以吃苦耐劳等，这样的社区工作者很难有所作为。

（二）职业道德素质

1. 道德素质体系的主要组合

社区工作者的道德素质包含社会公德、家庭美德和职业道德等多方面的内容。其中，对社会及个人影响最为凸显的是职业道德。

(1)社会公德。社会公德是要求全体公民在社会公共生活中都需要遵循的行为准则，覆盖人与人、人与社会、人与自然之间的关系，展现了公民个人的道德修养以及社会文明程度。

我国社会主义公德和基本要求是多方面、多层次的，主要体现在社会主义精神文明的基本要求和社会公共生活规范中。

在《公民道德建设实施纲要》中明确规定了公民社会公德的基本内容。其中，社会主义精神文明的基本要求是“五爱”，即爱祖国、爱人民、爱劳动、爱科学、爱社会主义。社会公共规范的基本内容是：爱护公物、遵守和维护社会公共秩序、保护环境、举止文明。

社区工作者从属于社会成员，必然应该遵守社会公德，严格要求自己，并且应当努力成为遵守社会公德的典范标杆，起表率作用，向居民展示自己的带头作用。

(2)家庭美德。家庭美德就是每个公民在以家庭为单位的关系中应该遵循的行为准则，它涵盖了长幼、夫妻、邻里之间的关系。

在《公民道德建设实施纲要》里同时也明确了家庭美德的基本内容，包括：尊老爱幼、男女平等、夫妻和睦、勤俭持家、邻里团结等。

处于社会大环境中，社区工作者自然要处于一定的社会和家庭生活环境中，同样地，他的生活、学习乃至工作时刻受到社会公德和家庭美德的影响。所以，社区工作者不仅要具备良好的社会公德意识，还要顾及家庭美德，才能更好地投入工作与生活中，从而最大限度地发挥自己的作用。

(3)职业道德。职业道德来源于职业实践，指的是与人们的职业生活紧密联系的并具有一定相关职业特征的道德和行为规范。

社区工作者的职业道德素质指的就是在自己工作实践中形

成，并且直接影响自己的工作的一系列行为准则与规范。

在社会主义市场经济条件下，遵守国家政策和法律法规，依法行政；钻研业务，熟悉社区工作者的各项工作；学习市场经济知识，掌握必要的现代化技能，提高业务能力；忠于职守，认真负责，实事求是，深入实际；注意交际行为；追求快速、准确、高效；保守国家秘密；廉洁奉公等都是社区工作者职业道德的基本内容。

2. 道德素质的基本内容

第一，对国家和政府诚信。具体来说，需要社区工作者对国家和政府毫无保留，维护二者的权威和地位，言行上尤其需要注意，不得有反对、背叛国家的言论。要求社区工作者做到：从内心中忠于国家和政府，维护政府权威声誉；重视贯彻国家法律法规和政府大政方针；服从领导与组织；不得有损害政府的言论和行为出现。

第二，敬业奉献。这是社区工作者应尽的基本义务，即要求社区工作者遵守工作制度，坚守工作岗位，认真负责地完成工作任务。就是要忠于职守，尽心尽力做好本职工作，切实有效地服务，所谓“在其位，谋其政，司其职，尽其责”。

第三，清正廉洁。清，即清静、清醒，淡泊名利；正，即为人正直，坚持正道；廉，即不贪不占，正视职责；洁，即洁身自好，坚持本心，品行高洁。具体来说，就是要求社区工作者应为公共利益服务，不得以权谋私，更不得贪赃枉法。清正廉洁反映的不仅是社区工作者道德水准的高低，更关系到党和政府的形象，关乎市场经济的进展成败、国家盛衰和前途命运。

第四，依法行政。依法治国是现代国家的重要标志之一。依法行政需要遵循合法性与合理性两条原则。依法行政要求知法懂法。因此，社会工作者需要强化法律观念，学习相关法律知识，增强法律素养。在此基础上，合法性与合理性原则双管齐下，否则依法行政无从谈起。

第五，实事求是。社区工作者基本的工作态度应有一说一，有二说二,即一切从实际出发,科学地按规律办事,也就是:说老实话,办老实事,做老实人,求真务实。实事求是是党的思想路线精髓,社区工作者在工作中必须要遵循。

第六,开拓创新。这里所要求的开拓创新,就是要求社区工作者必须顺应社会主义市场经济要求,创造性地实施有效管理,积极主动地开拓发展行政管理。不仅市场经济和社会发展需要开拓创新,当代管理者同样需要这样的道德素质。

第七,团队合作。市场经济快速发展的大背景下,各种不确定性因素增多,事务的复杂性增加,管理职能变化要求单位管理科学化和规范化。社区工作者需要与领导、同事以及单位内外的人团结协作,实现管理体系整体优化。

(三)知识素质

社区工作者的工作有着综合性强、涉及范围广等特点。因此,要成为一个成功的社区工作者就离不开知识的积累。在当今这个新技术革命和知识经济的大潮中,社区工作者要积极发挥主动性,获取和积累知识,使之合理组合调配,达到最优效果。在社会工作中,社区工作属于宏观操作方法,行动取向偏重社会改革,这客观上要求社区工作者应当向通才方向发展,其知识结构应当是复合型的,包括政治、经济、人文、科技等各方面知识。在这些知识当中,社会学、心理学、管理学和法律等方面的知识起到的作用最为重要。

1. 社会学知识

社区工作者的工作对象是社区以及居民,社区是社会的基本单元。社会问题的产生都是相互联系的,是多种社会因素共同作用的结果。研究社会结构和发展规律是社会学的责任,社区工作者要在社会学知识的指引下开展社区工作。具体来说,社区工作者需要掌握的社会学知识主要包括以下两个方面。

第一,有关社会结构的知识。社区工作者关注弱势群体在社会不平等分配结构中的处境，并希望通过专业方法和途径来改变这种处境。因而，他们需要了解社会结构，即有关社会群体在社会中的地位、关系中的相互关联状态，以便帮助其了解和分析社会资源、社会利益分配的格局，从而解决宏观的社会问题。

第二，有关社会互动的知识。社区工作者是与社区及其居民打交道的，社会学关于社会互动的知识刚好可以提供人们如何相互作用，借助何种中介进行相互作用，以及如何有效、成功地与他人合作等方面的指导。这些知识可以帮助社区工作者理解社区的人际互动过程和规律，社会团结状况，从而更好地推动社区居民参与，达到运用集体力量，通过互助和自助解决社区问题的目标。

2. 管理学知识

管理学主要是运用计划、组织、指挥、人事、控制及监督等功能；通过合理利用各种资源和安排各种活动，促进和提升工作的效率和效果，从而达到组织目标的实现和个人需求的满足。

在我国社区建设中，推进社区自治，需要社区民主化与科学化管理。民主科学的管理之下，调动社区居民热情参与，实现“自我管理、自我教育、自我服务、自我监督”的“四自”标准，更高效实施社区公共市区管理，使各种复杂的社区问题得以解决，满足社区居民的各种需要，促进社区发展和社区建设的目标达成。社区工作者必须尽快摆脱思维定式，避免继续用传统的行政手段处理社区事务，学习现代管理科学，运用民主和科学的方式组织、协调、管理好社区，做好计划和评估工作，提高服务的效率。

3. 心理学知识

解决人们所遇到的社会问题也是社区工作者的任务之一。这些问题既包括物质层面的问题，也包括精神或心理层面的问题。很多社会功能失调现象的深层次原因，往往就是人们的心理问题所导致的。在现代社会中，面对市场竞争、就业压力、生老病死等风险，人们的心理压力增大，导致个人和群体的心理问题越来越多，这已经成为一个不可忽视的社会问题。社区工作者在解决物质层面问题的同时，还要运用科学的理论和方法解决人们的心理问题，如此才可以真正解决人们面临的各种社会问题。这就要求社区工作者运用心理学，特别是社会心理学的理论与知识，如精神分析学、群体动力学、生命周期理论、认知理论等，帮助社区居民克服忧郁、焦虑、孤立、封闭等不良心理反应，促进社区凝聚力的形成和社区意识的强化，使社区建设与发展真正具有内在的动力；同时，也使社区居民个人及家庭克服心理障碍、保持心理健康，以增强其社会生活的适应能力，从而在个人、群体和社区层面上形成良好的心理氛围。

4. 法律知识

现代社会是法制社会，社区工作各项事务的开展必须有法可依。政府依法行政，社区依法自治，这是处理政府和社区关系的基本准则。同时，社区工作者在完善社区工作，帮助社区居民调解各种社会关系时，也会遇到各种法律问题。这就要求社区工作者要学习和掌握相关的法律知识，善于运用法律的武器，维护社区居民的权益，依法解决社区的矛盾和冲突。

（四）公共精神

1. 公共精神的内涵

在定义“公共精神”概念之前，先看看今天许多国家的城市市长在就职宣誓时常常使用的著名的雅典誓言：“我们将永远不会因为我们的不诚实或懦弱让我们的城市蒙羞。我们将为我们城市的神圣的理想和事物而奋斗，不论是和集体一起还是单打独斗。我们将尊崇和服从城市的法则，我们也将尽我们所能使那些身居高位、很容易忽略或践踏这些神圣理想和事物的人们对这些理想和事物保持与我们一样的崇敬和尊重。我们会不断地努力，提高公众的公民责任感。这样，我们才能将我们这座不仅不会变差反而会更伟大和更美丽的城市留给我们的下一代。"这些誓言明确提倡了一种城市利益高于个体利益的文化，认为有高于个人私利的理想准则和法律准绳存在，值得个人为之奋斗与献身。这种文化体现的就是所谓的公共精神。

由此看来，公共精神包含民主、平等、自由、秩序、公共利益和负责任等价值取向，以服务公民和社会为目标，是存在于民主法治社会中的最基本的道德和政治要求、标准和态度。

2. 公共精神的主要特点

(1)公共性。解读公共精神的关键在于对公共性的理解，这主要在于两方面：一方面，公共精神需要建立在共识基础之上，即社会中每个独立个体是平等的，个体被赋予社会责任，享有一定的权利，这份权利是任何人都不能破坏与阻止的，每个人都需要并且有义务去维护大家公认的道德原则；另一方面，公民在社会中享有自我利益，但是这份享有的利益要求公民不能局限于自己的私利，要将道德关怀的目光投向他人，真正地将社会与公民结合成不可分割的整体。

(2)政治性。公共精神区别于私人美德的重要标志之一就是公共精神的政治特性，二者之间虽然没有明显分别，但是其中的差别不容忽略。私人美德并不具有社会特性，这恰恰是公共精神的最基本价值所在。从某种意义上来说，私人美德是人性和人伦的美德，公共精神是基于社会和国家公民的美德。

(3)底线性。公共精神并不排斥私人利益，不否定个性自由，是最低限度的共同价值、标准和态度。公共精神是参与社会生活的人提出的最起码要求，是一种非感性层面上的行为约束。公共精神要求每一个社会成员都应懂得必须先满足一定的"底线"，然后才能去追求自己的其他目的。不管是谁，作为社会的一员，基本的行为准则和规范是必须要共同遵循的，这一点没有动摇的空间。个人必须通过履行自己的应尽义务而走向道德升华，否则，个人就会堕落，社会就会崩溃。

(4)辐射性。公共精神不仅能直接影响他人行动，还会辐射和强化对他人的影响。公共精神产生于民主法治社会，在广阔的公共空间不断发展。人们之间公共交往逐渐频繁普遍，人们更加追求公共生活和谐，并且日益强烈，每个公民都需要维护社会共有的美德。因此，公共精神水平程度高的人更能激发广大公民的公共精神，循环往复，进而辐射全体公民，其结果是促使公共精神在全社会得以强化。

(五)身心素质

1.良好心态

社区工作者需要具备积极向上的良好心态，这一点是非常重要的。因为积极的心态能帮助社区工作者领导群众进行社区活动，凝聚力量、弘扬正气、抵制歪风，建设文明、祥和、健康的社区环境。如果社区工作者精神低沉，不思进取、消极低落，居民的精神状态会受到影响，会降低群众士气，甚至人心涣散。

2.心理承受能力

在社区工作进程中，社区工作者在实现工作目标时经常会遇到坎坷、困难和挫折，引导服务居民时经常会被误解甚至伤害。对此，社区工作者要有良好的心理素质，要有能够容忍的心态和宽宏大量的气度。以人格的力量克服困难，展现不屈不挠的精神面貌，从而征服人心。

3.健康的体格

社区工作复杂并且十分繁重，向社区工作者的身心发出巨大挑战，在心理承受之外，更需要健康的身体支撑，需要充沛的精力来应对复杂的社区事务。因此，社区工作者要注意身体健康和加强体育锻炼。

第三节 社区工作者队伍的建设与管理

一、社区工作者队伍的机制建设

(一)培养体系建设

1.做好专业培训

专业培训的特点是能够在短时间内快速平稳的培养人才,在专业化的培训下,可以丰富社区工作者的工作知识和方法,提高理论素养和水平,有机结合传统的工作方法和现代的理念强化社区工作者的价值观和职业操守,不断提高专业化水平,以适应社区发展。

2.加强学历教育

学历教育具有后发优势,具有基础性和系统性。长远来看,重视学历教育是提高社区工作者队伍素质的必经之路。一方面参与高校学历班,可以提升专业化水平,为实现社区工作者向社会工作者的转变打下良好的基础,另一方面,不断把高校社工专业毕业生补充到社区工作者队伍中来,为实现社区工作者的专业化、职业化创造良好的条件。

1988年,民政部资助北京大学开设了改革开放以后第一个社会工作专业,随后,各级高等院校相继开设了社会工作专业和课程。之后,逐步形成了大专、本科、研究生学历体系,每年毕业生近万人。他们当中已有一部分进入社区工作领域,优化了社区工作人员的队伍结构。

3.深化继续教育

从教育学讲，继续教育总是“绿色”的，继续教育的任务是使注册社区工作者的专业知识不断得到更新、补充和拓宽，逐步完善知识结构，提高工作适应能力和创新能力。北京市每年对持有执业资格证书的社区专职工作者进行继续教育培训；上海市出台了《上海市社会工作者继续教育暂行办法》，通过进行继续教育不断提升社工职业素养，很多地方都对志愿者实行注册制度并开展继续教育培训。

(二)建设评价体系

队伍建设的核心是人才评价。当前，社区工作者评价体系建设的重点是：贯彻落实人事部、民政部联合发布的《社会工作者职业水平评价暂行规定》(以下简称《规定》和《助理社会工作师、社会工作师职业水平考试实施办法》(以下简称《办法》)，全面实施社会工作者职业水平评价制度。

1.考试制度

《办法》共 11 条，对考试科目、时间、有关规章制度、组织实施进行了全面的部署。《规定》共 5 章 27 条，第二章考试共 8 条，对考试方式、报考条件、证书制度做出了明确的规定。助理社会工作师、社会工作师职业水平评价实行全国统一大纲、统一命题、统一时间、统一组织的考试制度，原则上每年举行一次。考试合格者，取得《中华人民共和国社会工作者职业水平证书》，该证书全国范围内有效。

2.登记制度

《规定》第 20 条至 22 条指出：“社会工作者职业水平证书实行登记服务制度：民政部或其委托的机构定期向社会公布社会工作者职业水平登记情况，并为用人单位提供查询取得社会工作者职业水平证书人员的信息服务；在社会工作者职业活动中，违反有关法律、法规、规章制度或职业道德，造成不良影响的，登记机关取消登记，并由发证机关收回职业水平证书。”

3.配套政策

目前，发政部成立了社会工作者职业水平评价专家委员会，正在组织人员研究制订高级社会工作者职业水平评价办法、社会工作者考核评价办法、社会工作者继续教育办法等配套政策，建立健全社会工作者职业水平评价制度体系。

（三）使用机制建设

人才使用是队伍建设的关键。要充分发挥居（村）委会主任的“小巷总理”作用，发挥居（村）委会干部队伍在社区建设的主力军作用；发挥社会工作者和志愿者的生力军作用，不断探索和研究“三支队伍”的发展模式。

1.充分发挥居（村）委会干部议事决策者的作用

社区居（村）委会干部是代表社区居民利益，议事决策社区事务。社区社会工作者是专业化服务社区居民，在社区工作中处于执行者的地位；社区志愿者充分体现了社区建设的公众参与和社区和谐程度，展现的是“社区为我、我为社区”的互动关系。可见，社区居（村）委会干部队伍是社区工作者队伍中最重要的部分，是社区建设的主力军，应当充分实现居（村）委会主任“小巷总理”的功能，居（村）委会干部监督和管理社区组织，真正体现居（村）民自治。

2.加快社区社会工作岗位开发与设置进程

完善岗位设置，社区工作人才才能够充分发挥作用。社区社会工作岗位的设置开展是基础性工作，能够推进社区社会工作者队伍建设。民政部将会同人事部制订社区工作岗位设置的政策文件。《上海市在社区推进社会工作实施办法》明确了社会工作在社区中的职业领域、专业岗位、专业组织和专业人员，对社区的职业资格、岗位培训、招聘任用等日常管理做出了一系列规定。多省市开始结合自身特点研究拟定符合本地社区工作岗位设置的方案。

3. 社工引领志愿者（义工）的联动发展模式探索

地区社工和志愿者（义工）联动发展的思路在推进专业化和职业化社工队伍建设进程中得到发展。在工作实践中，社工和志愿者作为社会服务的主力军，他们专注发挥职业化、专业化的优势，继而指导、发展、服务志愿者。其中，需要积极倡导志愿者爱心奉献精神和社会责任意识，努力克服志愿服务的随意性、资金短缺、专业训练缺乏等问题，进而营造人人参与、和谐共处的良好社会氛围。

（四）激励机制建设

1. 优化干部队伍结构

第一，拓展居委会干部的来源渠道。鼓励、动员政治素质高、管理能力强、群众关系好、热爱社区事业、有较强奉献精神的本社区居民竞选居（村）委会主任、副主任，这些人既可以实行义务制，也可以享受政策补贴，但不以此作为谋生的手段。

第二，在居（村）委会设置一定的社区工作岗位，吸引文化水平高、专业能力强的社会工作者到社区居（村）委会工作，他们应在居（村）委会主任的领导下承担社区具体工作。

第三，继续提高现有居（村）委会干部的待遇，他们的补贴应不低于当地的最低工资。

2. 规范社区工作者的薪酬待遇

当前来看，实施和完善社区工作者职业水平评价制度是激励社区工作人才的重点。要规范社区工作者属于专业技术人才的薪酬和保障待遇，逐步提高其社会地位、职业威望和职业生涯发展空间，免除他们的后顾之忧，使社区工作者像教师、律师、医师一样，成为人们尊重和向往的职业。

3.发展壮大志愿者队伍

社区志愿者队伍建设的目标是培养一支服务功能强、参与面广、作用发挥好的志愿者队伍。志愿者的数量是衡量社区文明程度的一个重要标志。在一个社区中，如果有1/3以上的人愿意做志愿者，该社区的人际关系就算得上十分和谐。目前，我国社区志愿者的数量和质量与社区建设的需要还有很大差距。社区志愿者不仅需要精神激励，也需要物质激励。一是要广泛发动。社区建设的宗旨、内容得以广泛传播，家喻户晓，深入人心，引导社区成员树立服务意识、积极参与社区事务；二是要骨干示范。通过共产党员的模范行动，带动社区居民，采取入户访问、党员公示、党员挂牌服务等方式动员和督促广大党员积极参与社区服务活动；三是要宣传表彰。要及时发现和宣传居民参与志愿服务的先进事迹，并对其进行定期表彰。

二、社区工作者的管理

（一）政府管理

1.加强党的领导

随着“两级政府、三级管理”新体制的逐步形成，随着城市管理重心下移，社区被推到城市社会管理的前沿，社区党组织是社区组织和社区工作的领导核心。许多城市都在积极探索社区党建工作的新途径，如社区党组织书记和社区居委会主任“一肩挑”“两委”（社区党委、总支、支部和社区居委会）高度交叉任职，收到了良好的效果。

农村社区党支部对村委会的领导主要体现在：依照宪法和法律，支持和保障村民开展自治活动，直接行使民主权利，如支持村委会干部依法独立负责地开展工作，凡属村委会权限范围内的事项，由村委会自主行使；保障村民的选举权和被选举权，维护村委会的权威。

2.加强基层政府的管理

政府组织是社会管理机构，具有主导、管理、监督公共服务队伍的职能，社区居委会干部要自觉接受城区政府及街道办事处的管理，并完成政府交办的任务。如在街道党委的领导下进行社区党组织建设和党员队伍建设；在街道办事处的指导下开展社区建设。村民委员会是村民群众与政府联系的桥梁和纽带。村委会干部是乡镇政府完成各项任务的重要依靠力量。村委会干部要把党和政府的路线、方针、政策贯彻到村民群众中去，同时，也要及时把群众的愿望和要求向党和政府汇报，主动争取党的领导和政府的支持。

3.加强民政部门的指导

民政部门是推动社区建设的牵头部门，加强社区工作者队伍建设与管理是民政部门义不容辞的职责。一是要抓好试点和示范工作。当好党和政府推进社区建设工作的参谋、助手；二是评比、表彰工作。通过评比、表彰先进社区、先进集体和先进个人，树立榜样、鼓舞士气；三是宣传、培训工作。通过多种形式，尤其是大众传媒手段，广泛宣传社区建设的先进事例，同时，通过培训社区建设的组织人员和骨干分子，使他们掌握较为系统的专业知识，以有利于提高社区工作者的素质和能力。

（二）自我管理

1.社区工作者的心态管理

社区工作者要面对的事情和挑战有很多，因此其心态是否健康和积极很重要。社区工作者的谦虚与低姿态往往能使其他人广进良言。因此,需要社区工作者做好心态管理。

(1)要学会自我减压。在当代社会中,社区工作者是被紧张问题困扰较多的一类。紧张主要产生于人们知觉到的各种不同的要求与自己能力之间的不平衡,以及由于主客观条件的限制而不能满足人的需要与未满足需要的强烈程度之间的不平衡。社区工作者面对这些问题,要克服过度紧张,除了要注意对自己的紧张问题进行自我分析外,还要找到切实可行的办法来加以解决。在众多的压力下,社区工作者要冷静思索,可从以下几点做起:

第一,树立正确的人生目的、生活目标和工作目标。人生需要清晰的路线规划,而不是在空想之外毫无头绪的胡乱行动。当代社会压力巨大,导致人们过度紧张,社区工作者同样也不例外。在根本上解决好"三观"问题,正确应对生活工作中的各种矛盾冲突,正确对待自己与他人,才能正确对待权力、地位、金钱、名利、待遇、职位等问题,才不至于被这些问题所困扰,也就不会出现过度紧张的问题。

第二,劳逸结合。工作之余,多参加一些健康、高雅、文明的娱乐活动。这些活动包括下棋、打球、听音乐、读书、书法、绘画、园艺、跳舞等,并利用业余时间发展一两项个人爱好,戒除一些诸如饮酒(特别是酗酒)、吸烟、赌博等消极应付紧张或压力的方式。学习掌握并长年坚持一些集放松、健身、运动于一体的身体活动。一张一弛,调节有度。只有会休息的人才是会生活、会工作的人。

第三,多享受工作,少享受权利。尽情享受工作本身带来的乐趣,保持积极的、适度的紧张是克服过度紧张的有效方式。在工作的时候,全身心地投入到工作之中,享受工作带来的乐趣,如因工作而产生的成就感、与他人合作而产生的亲密友情等,这些都有利于保持对工作、生活的热情。我们不应该也不可能完全避免紧张,重要的是寻找并保持积极的紧张,把消极紧张转化为积极的紧张。

第四,加强家庭成员之间的交流和沟通。正确处理好与家庭成员之间的关系。在 8 小时的工作时间内,尽可能地完成工作,不要把剩余的工作带回家。在家庭中创造出一种相互体贴、相互支持、温馨和睦的良好气氛是消除紧张的一种方式。家庭常常充当紧张状况下的感情支柱和感情庇护的堡垒,充满亲情和天伦之乐的家庭生活,对于缓解社区工作者的过度紧张发挥着特殊的作用。因此,来自家庭的支持对社区工作者来说是非常重要的。

(2)克服急躁情绪。社区工作者所面临的形势、任务、政策环境和领导环境都是发展变化的,因而必然会遇到许多复杂的矛盾和难题。

作为社区工作者,要始终保持冷静沉着,在处理每件事的过程中热烈而镇定,紧张而有序。尤其是当领导的方案与行为受到打断与干扰,或受到突发事件的冲击时,依旧沉着稳重,注意情绪的控制和负面情绪的调整,以必胜的信心迎接挑战。

第一,目标适当。社区工作者出现急躁情绪,有时跟工作目标杂乱无章、无时间观念有关。保持镇定沉着,排解急躁情绪,需要为自己的目标确定一个合理的预期时间。定下一个目标,提前做好长期的准备以及预期,那么短时间的不顺利与坎坷挫折,就不会引起暴躁与放弃。凡事都要为自己确定合理的、适度的预期时间。有的社区工作者上“大工程”,实施了几个月也没有达到预期目标,就急躁起来,有的立志创“惊人之举”,可也只是努力一阵子,看到收效不明显就发急,这些都是预期时间不当的缘故。而这些急躁情绪又会妨碍他们作持续的努力,最终会影响目标的实现。不管何种工作,长期的努力都是必要的,要想取得突出成就,就需要不断地坚持。社区工作者如果真想要做出事业,做出成就,就得做好长期奋斗的思想准备,不要急躁,保持积极的心态,不断耕耘,等待成熟季节的到来和最终的收获。

第二,急事冷处理。着急的事情,越是急躁,就越容易没头绪。社区工作者在遇到急事、难事时更要保持头脑冷静,适当放缓自己的速度,可以适当地推迟等待,使得最终的结局趋向于圆满。如果是性格问题导致社区工作者遇事容易急躁，那么就要充分认识到自己的性格缺点，在自身主观能动性的主导下，及时修正，避免急躁情绪的发展。当然之后的工作中还会有急躁情绪的出现，因此要不断进行心理上的平复，放松与修正，直到完全克服急躁情绪。

第三，保持弹性。要想保证事情的结果是成功的，弹性的做法是需要不断坚持的。弹性的选择事实上是与快乐挂钩的。在我们的人生中，时常会遇到脱离自己控制的事情，但是只要在想法和行动上能够保持一定的弹性，那么人生就可以永葆成功，生活也就会变得非常愉快。

第四，采取行动。有针对性地制订策略克服难题，找出问题的根源所在，避免让自己的压力伤害到他人，也避免自己被压力主导。

如果社区工作者总是随便发火，只会让自己更容易受到伤害，进而可能影响到自身在居民心中的形象。令自己愉快，能激励自己，做对自己的长期目标有益的事，随之采取必要行动以获得好的效果。

第五，与社区人员沟通。这么做可以帮助社区工作者了解社区目前营运情况和社区人员之间的合作关系。选择关键性的社区人员作为主要的沟通对象，其他的社区工作者作为了解，往往能收到事半功倍的效果。

(3)有效地经营自我。第一，培养自己独特的外在形象。作为一个在社区里的管理人员——社区工作者，你是不是对生活细节不屑一顾？你是否认识到，言谈举止、穿衣打扮直接决定一个人在人生旅途中的形象。第二，有效的教育培训。社区工作者可选择适合自己的培训内容，在教育培训过程中进行多方交流，从而加强培训的效果。第三，邀请教学者、专家。有些社区工作者实在没办法接受系统的教育培训，可以采取的变通方式有：一是请教学者、专家，聘请顾问定期辅导社区经营；二是有问题便直接请教附近的学者、专家，如外边的学者专家到访，便抓紧前往请教，这些学者、专家如能兼具理论与实务背景，为社区提供的建议则更具体、更具远见。第四，多看相关方面的图书。好的图书能启迪社区工作者的经营理念，提升其思想层次。因此，通过专家、学者了解一些书籍，并认真阅读这类书籍很有必要。

2.社区工作者的自我激励

社区工作者进行自我激励的目的，不在于改变自己的个性，而在于自我表现调整，产生合理的行为，调整自我表现的方向。

自我激励要面对的首要问题就是失败。失败是每个社区工作者必然要遇到的人生修炼。历史表明，凡是有大成就的社区工作者都是那些能坚持不懈地追求梦想的人。这些成功的社区工作者不但有着坚韧的毅力、不屈的斗志，同样也有着一整套人生奋斗的战略，他们往往临危不惧，能在逆境中奋起。他们的成功经验在于能正视失败、战胜失败。

第一，接受失败。社区工作者战胜失败的前提就是要了解失败的本质，失败并不是不可逾越的。只要你不肯放弃，失败就不是最终的结果。每一次犯的错误都是可以弥补的，并非是致命的，每一种压力都不会一直存在。社区工作者为了追求卓越，应当把失败看成是成功路上的里程碑，正如一位科学家所说：看似不可克服的困难，往往是新发现的预兆。

第二，正视失败。德国心理学者威廉·沃德说："失败应当成为我们的老师，而不是掘墓人；失败是短时的耽误，而不是一败涂地……失败是暂时走了弯路，而不是走进死胡同。"不成功的社区工作者浅尝辄止，没有一直坚持，而是轻易转向其他事项。他们的座右铭是："第一次不成功就销毁所有一切努力过的证据。"相反，社区工作者的成功是在第一次失败后能进行检讨，回顾整个过程，汲取教训，然后再努力做下去。如果需要的话，他们甚至可以不断重复失败的过程，以便学得更多经验。因为他们一直不放弃，所以他们最终一定会成功。

第三，认清弱点。对于强者来说，失败是产生力量和经验再次冲刺成功的起点。从失败中寻找学习的机会，正视导致失败的个人弱点，并且努力克服，这个过程需要真正坦诚。一旦社区工作者认识到自己的弱点所在，就要开始努力克服，最终改掉这个缺点。那些能够真正意识到自己的力量并永不言败的人，往往拥有一颗意志坚定、永不服输的心灵，他们跌到了再爬起来，即使其他人都已退缩和屈服，但他们却勇往直前、永不低头。

第四，重新部署战略。改变战略能够让工作者战胜失败。如果不断地去重复错误，不仅没有得到经验的提升，反而容易丧失信心，如此是不可能战胜失败的。但是，有些社区工作者却不能正视这个问题。他们重复错误，却一心想着会出现不同的效果。

第五，从零起点开始。社区工作者认识到了失败的本质，了解自己的弱点，改变战略以后，就应该重新开始，回到人生的竞技场上。

3.社区工作者的时间管理

随着科技的不断提高，时间的价值也以十倍速、百倍速增长。可以说，时间是一切，时间是人生最大的资本，只有懂得利用时间的人才能赢得成功和财富。

(1)树立时效观念。第一，时间观念要强烈。消耗时间就是消耗生命，时间的流逝就是事业的流逝。只有意识到时间的重要性，才谈得上去科学地管理时间。第二，时机观念要机敏。机会难以重来，并且点滴间就会消失。一项工作任务，在恰当的时机内才会产生最佳的成效，错过时机之后，再次重复则可能毫无价值。第三，时效观念要清晰。时间的成本效益是指一项工作所取得的成果与完成该项工作所付出的时间之比。完成该工作付出的时间越少，成本效益越高。时间的价值是通过效益和效果这两个载体来体现的。社区工作者必须把时间视为资源，抱着用一点少一点的想法，千方百计地减少时间支出。

第四，控时观念要定量。社区工作者必须定量控制时间，具备对自己时间的系统管理和定量支出的能力，勇于向时间挑战，果断地改变在支配时间上不作为的局面，做时间的主宰。计划手段和定量支出是时间管理的核心。

(2)做好科学计划。制订计划，按计划指导工作和生活具有很重要的意义。我们每天的生活充满了突发的、无法掌握、无法预料的事件，计划可以让你从这些事件中找到规划的主轴线，不致迷失方向。计划可以增强个人管理能力，提高个人自控能力。

指导计划的是目标，但是在很多社区工作者心中，对于自己的生活目标和工作目标却是一个很模糊的概念。通过做计划，分析自己的价值偏好，就能使目标逐渐变得清晰起来。如果没有目标，人的行动就受不到激发，就会失去奋斗的勇气；目标能激发我们的潜能，最大限度发挥自己的才智；有了目标才会有结果，才会有对自己所作努力的认可和肯定，取得相应的成就感和满足感。

"计划"在时间管理理论中绝大多数是指工作计划。为了有效地利用时间，总结自己的工作细目，分析完成这些工作的方法，加以规划，不但能改善每一个具体的个别工作，而且使整体工作合理化了。制订工作计划的优点有以下五个方面：

第一，了解哪些工作是有价值的、哪些工作无价值或有较小价值，抛开没有价值的事情，简化工作内容。

第二，决定应该优先处理的是哪项工作，需要平衡考虑其重要性和紧迫性。

第三，较为合理地分配每项工作所需要的时间。

第四，能够在规定时间内完成任务，完成分配的工作量或达到目标。

第五，可以把适合他人干的工作授权给他人来完成，发挥各人所长。

第六，发挥最大潜能。

(3)合理安排时间支配。第一，留出充足时间一气呵成完成事情，即在最值得做的事情上留出充足时间，这样就能有条不紊地去做。其一，最值得做的事情最先做。社区工作者需要对自己的时间进行分配，大部分时间投入到高回报的事情上，小部分时间分散给其他事情。最喜欢的或最容易完成的事首先安排，投入大量时间，次要的事可放在空余时间或精力稍微差一点的时间去做，不必要亲自完成的事可以委托给别人。其二，重要的事情高效做。每个人在时间上的反应千差万别，有人清晨精神饱满，有人更乐于在夜间处理工作。社区工作者应根据自身的特点以及工作要求的方式进行工作的处理，在高峰时段处理最重要的事情。其三，集中时间整体用。将片段的时间整体化，这样能够提高时间的使用效率，整块的时间分割开来，在工作的转换以及思维的转变上需要浪费大量的时间。例如，即使只有一个工作日的1/4 时间，如果集中使用，也足够办几件重要的事。而纵然有一个工作日的 3/4 时间，若都是十几分钟或者半小时的零碎时间，也处理不了重大事情。其四，集中精力做一件事。人的精力毕竟是有限的，要保证高效率，就需要在某段时间内专注于一件事。爱迪生认为他成功的第一要素是“具有能够将身心与心智的能量锲而不舍地运用在同一个问题上面而不会厌倦的能力”。其五，给创造留出时间。在隔绝外界打扰的时候，创意才容易产生。1984年，日本一位创造学家对 800 多名发明家的调查显示，大部分发明是在休息或独处时产生的。所以说，社区工作者的工作时间不能全部交给他人，需要预留部分时间独处，这段时间不受干扰，可以全神贯注地思考新问题，进而激发创意，做出创新。

第二，压缩时间做最值得做的事情。压缩时间，要求社区工作者在使用时间时收缩战线，能以最方便的形式解决问题，从不相干的或无关紧要的事务上撤下来。其一，铆足劲争取一次就把事情做对。每个社区工作者的时间都是固定的，至于他能做多少事，能完成多少事，在于办事的效率。如果社区工作者都能做到一次就把事情做对，那么他会节约大量时间；相反，如果他总是不能完善的处理事情，每次重办时都得花更多时间。其二，他人能办的授权他人去办。授权能大大提高管理工作的效率。作为社区工作者，成功与否的关键就在于他有没有能力使员工发挥以一当十的作用。其三，别接烫手山芋。不仅单指麻烦事，社区工作者不要做他人能做的事情，不要做他人职权范围内的、自己即使做也不能完美做到的事情，不要做他人的、会影响你实现重大目标的事情。其四，压缩开会时间。一个社区工作者如果不能从会海中挣脱出来，不仅浪费时间，而且降低了效率。开会可争论，各抒己见，全体发言，但要求不超过一个半小时，提倡站着开。其五，缩短转换时间。社区工作者需要从一种工作转换到另一种工作，时间需要尽可能压缩。社区工作者的工作千头万绪，工作间的接轨时间节约一点，累计下来的时间就很可观。其六，不要被他人绑架，成为"时间人质"。社区工作者在拥有权力的同时也失去了一定的人身自由——居民可以随时随地来找他，社区工作者的时间逐渐变成完全属于别人的时间，这已成为一种规律。社区工作者一旦被他人绑架，成为"时间人质"，那么就会失去自我。

第三，掌握拉长时间的技巧，弹性处理事情。对任何人来说，时间都是均等的，然而，时间的利用又有很大的弹性。在有限的时间内填充无限的事件，这就是时间的拉长效应。其一，合理运筹时间。社区工作者的时间恒定，每个固定时段内需要做的工作却是无限的。社区工作者在某个时段所完成的工作与社区工作者的能力成正相关，社区工作者的能力越强，单位时间内工作的完成量就越大，社区工作者运用时间的效率就越高。因此，这就要求社区工作者对各项工作统筹规划、合理安排，科学分配时间。其二，逆势操作时间。凡属每个人都非办不可的事，需要在其他人都还没办的时候去办，设法远离"高峰时刻"。当别人还没有做某事时，你就去做，这样可以节约许多排队的时间，从而省下等待的时间。

时间管理能力是社区工作者必备的素质之一。社区工作者理性地认识时间，树立正确的时间观念，提高在管理行为中科学运筹时间的能力，是实施正确管理方法、提高管理工作效能的重要途径之一。

第六章　城乡社区建设专题分析

二元户籍制度将我国城市与农村分割开来，为了切实做好社区建设工作，必须对城市和农村开展适应它们自身发展情况和实际需要的建设活动。同时，随着我国现代化社会建设不断深入，实现城乡一体化成为一个重要课题，而其中一项重要内容就是实现城乡基本公共服务均等化，这对于促进社会公平正义、增进人民福祉、增强全体人民在共建共享发展中的获得感、实现中华民族伟大复兴的中国梦都具有十分重要的意义。

第一节　农村社区建设研究

一、农村社区建设的含义和特征

（一）农村社区建设的一般含义

社区建设是社会发展过程中必然面临的问题，而在不同国家、不同社会背景下，对于社区建设的理解也有所差别。作为社区建设组成部分的农村社区建设而言，当然也是如此。对于我国而言，《民政部关于在全国推进城市社区建设的意见》中明确指出："社区建设是指在党和政府的领导下，依靠社区力量，利用社区资源，强化社区功能，解决社区问题，促进社区政治、经济、文化、环境协调和健康发展，不断提高社区成员生活水平和生活质量的过程。"这一定义也基本适用于农村社区建设。简单地说，农村社区建设主要是指在党和政府的领导下，动员各方面力量，整合社区资源，强化社区功能，解决社区问题，合力建设管理有序、服务完善、文明祥和的新型农村社会生活共同体的过程。

（二）农村社区建设的主要特点

1. 地域性

农村社区建设具有十分显著的地方性特征，不同农村地区在社区建设方面存在较大差别，有时人们也将这一特征称为地缘性或社区性。这主要表现在以下几个方面：

第一，社区建设都是根据本社区成员的需求和愿望解决本社区问题，为本社区成员提供多样性服务和管理。

第二，社区建设的组织者和参与者主要是本社区内的村民、群体和单位、组织。

第三，社区建设都会受到本社区地理环境、文化条件、人口状况、经济发展水平等要素的影响，在管理服务内容、方式等方面都会刻上这些要素的印迹。农村社区建设的地域性特征要求我们因地制宜地开展社区建设，要求我们立足本社区实际，形成具有本社区特色的社区建设体系。

2. 整合性

"整合"一词最初用于自然科学领域，用来描述个体形成整体或总体的过程。最初，生物学家使用这一概念描述有机体之间的整体形成过程，即有机体的各组成部分在结构上组织严密，功能上协同动作，融合为一个完整系统的过程，后来扩展到了社会科学领域。在社会领域，整合主要是指社会组织运用多种手段把各种不同的经济社会要素，把各种不同的经济社会资源结合成一个有机整体，形成一个合力，促进社会共同体全面协调发展，增进社会一体化与社会和谐。整合性是农村社区建设的本质属性。这是因为，农村社区建设特别强调社区成员共同努力，社区民间力量和政府组织通力合作。从这个角度来说，所谓农村社区建设，也可以说是整合社区资源和社区力量共同解决社区问题，合力推进社区发展的过程。社区资源、社区力量的整合质量和整合水平在很大程度上标志着社区建设的质量和水平。甚至可以说，未能整合社区资源和社区力量的活动，很难说是真正意义上的农村社区建设活动。

3.社会性

从哲学的基本层面上来说，人不可能完全脱离社会而生存和发展，这就决定了人类活动必然具有社会性特征。但此处所说的农村社区建设的社会性特征主要表现为：农村社区建设既包含政府行为，又不单纯是政府行为；既包含民间活动，又不单纯是民间活动。它是各类社区主体、各种社会力量共同参与的过程。就我国农村发展的实际情况而言，主要表现在以下几个方面：

首先，农民群众和驻社区的企事业单位在农村社区建设中发挥着基础或支持作用。没有他们的广泛参与和积极支持，农村社区建设就不可能达到预期目标。由此可见，农村社区建设的参与者包括各类社会群体和社会组织，也就是社会各方面的力量。正是从这个意义上说，这项事业具有明显的社会性特征，并由此决定了“社区建设社会化”的必然性。

其次，党和政府在农村社区建设中发挥着主导作用。中国共产党是我国社会主义现代化事业的领导核心，自然也是农村社区建设的领导核心。在党的方针路线指引下，各级政府组织特别是农村基层政府组织承担着制订和实施农村社区建设的政策、规划，完善农村社区建设制度，推动农村社区建设工作，协调居民、社团和企事业单位共同参与农村社区建设等职责。

最后，村民委员会和农村社区各种民间组织在农村社区建设中发挥着骨干或中介作用。村民委员会和农村社区各种民间组织是党和政府联系广大农民群众的桥梁、纽带。在农村社区建设过程中，它们的重要作用是动员组织农村居民参与社区活动，落实社区建设规划,并从自身实际出发做好本社区建设的各项工作等。

4.计划性

在现代社会,推动农村及农村社区的合理发展,一个重要前提就是根据实际情况和需求,制订并按照一定计划开展各项工作。也就是说,这是一个人们在认识和掌握社会发展规律的基础上,自觉推动社区变迁的过程,这种自觉性的突出表现是有计划性。一般地说,要系统开展农村社区建设工作,需要从社区实际情况出发,制订切实可行的发展规划和工作计划,并按计划开展活动。因此,计划性是农村社区建设的一个重要特征。

二、农村社区建设面临的挑战

在城市化进程中,农村转型伴随着农村社区转型,而这一特殊时期产生的过渡型社区即村转居社区。对于当前我国的农村社区建设而言,村转居社区的管理和服务决定着是否能够妥善解决失地农民正常的生活生产,决定着我国城市化的质量和水平,决定着农村社区是否能够顺利转化为成熟的现代城市社区。

(一)新型农村社区建设面临社区融入问题

1.农村居民难以适应新型社区的基本生活模式

新型农村社区相较于传统农村社区存在很大区别,这就导致农村居民难以适应社区基本生活,这主要表现在居住方式、闲暇时间处理、生活习惯等方面。实际上,这是农村居民实现角色转换过程中出现的一种必然现象。就居住方式而言,农村村落多以户为单位,村落之间也有一定距离,而城市住宅楼、办公楼以密集型的高层建筑为主。农民原有生存空间为一家一户的独立院落,村改居后集中居住在钢筋水泥结构的楼房中,城市单元楼开阔性差，较为封闭，攀爬楼梯也成为进出活动的主要障碍，城市社区封闭式单元房使自由串门受到限制，邻里交往减少。在农村，土地是农民赖以生存的根基，农民需要付出大量时间耕种以期获得来年丰收。身份角色转变后，作为新居民，农民应当充分安排闲暇时间，提高生活质量。青年人适应能力强，可以较快地接受城市的流行文化，较好地利用现代科技充实自我、娱乐休闲。但是中老年人村转居后没有农田可供耕种或鸡、鸭、猪、狗需要饲养，加之接受新事物比较慢、文化水平不高，只能依靠打麻将、打牌或者聊天、看电视等传统休闲方式度过空闲时间，生活简单枯燥，精神生活贫乏。

2.农村居民难以适应新型社区的人际交往模式

首先，农村居民在适应新身份的过程中面临难以融入城市文明的困境，这导致大量村转居社区仍保留着明显的村庄特征。居民原有的社会关系网络并没有发生断裂，他们所在社区仍然是一个主要由原来村民组成的，以血缘、亲缘、宗缘关系为基础的互识社会，还有可能虽然外部居住空间变了，但是邻居没有变，生活方式没有变。同时部分地区出于经济考虑，社区的姻亲关系从根本上杜绝了对外的人际交往。这些地区的拆迁补贴政策，诸如外嫁女不能享受安置照顾，而招赘家庭则按实际人口计算等更加助长了人际封闭。

其次，村转居社区建设是由政府安置政策主导的，在新型农村社区建设中，人们的身份、谋生手段、居住条件、生活方式乃至思想层面都发生很大的变化，社区原有的价值体系渐趋瓦解，而与现代社会相适应的、以契约和公平为基础的普遍信任尚未建立。与原先的共同体相较，农民集中居住区呈现出的是一个“碎裂的社会”。

上述两方面原因使得村转居居民无法通过良好的人际交往形成新的社会网络关系。文化排斥和人际封闭表明了村转居社区居民对新社区的归属感、认同感缺乏，这是无法实现社区融入的内在症结。

3. 农村文化与城市文化相互排斥

我国长期实行城乡分离的二元结构体制，导致城市和农村的发展产生较大差距，这种差距也表现在文化领域。村转居社区是实现从农村文化向城市文化融入的基地。一方面，虽然村转居农民已经远离了传统农业生产生活方式，但依然保留着传统农村的大部分生活习俗和思想观念，居民的婚、丧、嫁、娶等活动依然沿袭传统农村仪式和办理方式，思想观念上沿袭着自我封闭、轻视竞争、追求平均、重人情轻制度等传统价值观念；另一方面，城市居民对农民的刻板印象——文化素质低、不良生活习惯较多，使得农村文化容易遭到城市文化的排斥，主要体现在城市居民对转居村民的文化歧视和抵制。在这种排斥心理的作用下，转村居民与市民的社会互动的机会减少，村民很难融入城市文化。

（二）新型农村社区建设面临制度转变问题

1. 城乡社会保障不接轨

导致城乡发展产生差距的一个主要原因是城乡二元结构体制，当前我国城市和农村还没有实现社会保障体制接轨，这对于农村社区建设和转型而言是一个严重障碍，关于这个问题我们需要按照不同区域进行具体分析。以江苏为例，江苏省依托经济、资源、环境等优势，城乡社会保障制度的衔接与接轨发展相对较快，但是由于苏南、苏中、苏北地区经济发展水平各异，所以社会保障的接轨模式也不尽相同。苏南的部分市区及县村已率先实现城乡社会保障衔接与并轨，如苏州、常州。苏中和苏北由于政府财政负担，包括城乡社会保障需求及保障方式差异，一定时期内尚无法实现城乡社会保障制度的衔接与接轨，村民的社会保障仍然执行农村标准，没有被纳入城市社会保障体系，无法享受与市民同等的社会保障待遇。按照就业情况，可以把转居后的居民划分为以下三类：

(1)适龄且就业成功人口。这类人群虽然成功就业但是工资收入低，文化程度普遍偏低、技术比较单一，面临失业和下岗的风险，同时在转为城镇户口时没有向城镇社会保险体系缴费，没有被纳入城镇社会保险体系，用人单位也没有为他们补缴或者缴纳新的社会保险，所以他们无法享受城市养老保险和医疗保险。

(2)适龄却就业失败人口。这类人群就业失败，虽然有一次性支付的安置补助费，但是金额不足以维持长期生活，而他们由于自身技能限制，只能从事技术含量低、流动性大的工作，也就导致了收入不高，容易处于失业状态等问题。这类人群由于无法被正式用人单位接收，基本没有参加城市社会保险，所以他们的失业、养老、医疗无法得到保障。

(3)非适龄就业人口。这类人群多为老弱病残。该类人群的身体素质相对来说要差得多，生病的概率很大，而且老年人得的多是慢性疾病，需要相对较高的费用作为医疗支撑。虽然有新型农村社会养老保险和新型合作医疗保险，但是无法满足养老、医疗需求。

2.新型农村社区管理转型存在障碍

村转居社区建设伴随着城乡一体化进程共同推进，这应该是一个循序渐进的过程，一蹴而就的想法和做法均不实际。在新型农村社区建设过程中，需要从以前的村委会与村集体经济组织合一的村委会管理方式逐步转向城市居保持“政经合一”“政企合一”“村居合一”的传统农村社区管理模式，没有顺畅地过渡转型为城市社区管理模式。村集体经济实体承担了村级经济发展、社区管理、村民福利、社区服务、小区物业等各项职能。村转居社区缺乏专业的社区工作者，社区干部大部分来自原村干部，还是“那拨人”，换汤不换药。村转居社区在这些地区仍然沿袭传统的农村社区管理内容、方式和手段，以发展村级经济为主要工作内容，不善于为居民提供社区服务和社区文化建设。具体来说，就是具有突出的社区事务社会化、专业化管理程度低等特点，虽然表面上实现了社区管理转型，但实际上转型后的管理人员仍然是村集体经济的管理者，这种形式主义的转型无法发挥管理转型应有的作用，一个主要原因是其基本没有独立于村集体经济的居委会。虽然按照村转居的政策要求，村转居社区要接管原村集体拥有的公益设施，社区事务实行专业化、社会化管理，但是容易导致权力、利益分配的矛盾。即使一些地方居委会接管了原村社区，但是由于在经济上依赖村集体经济，也会使得居委会成为村集体经济的附属品。由于政府对征地拆迁安置的深度介入、村民拆迁集中居住的被动强制性以及没有花钱买服务的习惯，村转居小区不同于商品房小区，很难从住户收取到物业费及小区公共费用。对此类小区，多数地方采取了政府包揽或村集体经济承担管理费用和责任的“老房子”管理模式。但是随着小区各种管理费用的不断增长和原有村集体经济收入的耗尽，当地政府及村集体（社区）组织未来的经济负担沉重，安置房小区的管理问题日渐突出。如果按照城市社区的管理方法将物业公司引入村转居社区并不现实，因为目前由集体经济组织负责了本应由物业公司应当承担的工作内容，如垃圾的处理、小区绿化、保洁保安等，如果一旦由市场化的物业公司承担小区的物业管理服务，收取的物业费较高，新转居的居民不愿负担物业费。

3.缺乏完善的社区服务体系

社区服务建设是社区建设的重点，随着人们生活水平不断提高，他们对社区服务的要求也越来越高。对于当前的农村社区服务体系建设而言，其内容应该涵盖涉及社区居民生活的各个方面，也就是应该为社区成员提供“婚、生、幼、教、孤、残、抚、贫、难、老、病、丧”等各方面的社区服务，完善的社区服务能充分满足居民的日常生活需求，提高居民生活质量。村转居社区居民经济水平普遍较低，对社区福利服务的需求更大。但与城市完善、成熟、全面的社区服务体系相比，村转居社区服务尚不够完善。从不同的服务供给主体来看，存在以下三类问题：第一，基层政府和职能部门无法准确区分服务的主要负责单位，哪些是政府主要负责，哪些是村集体负担；第二，村集体经济提供主要服务时，因集体经济处于过渡阶段，自身素质和管理能力不够，加上村转居人口基数大、流动性强，无法对所有人口完善服务；第三，市场供给服务的满意度低，由于我国农村市场经济发展不足，导致转居居民对购买的服务认可度不高。

对于当前的农村社区建设而言，在社区服务建设方面存在严重不足，有些社区甚至连农村居民的基本需求都无法满足。社区养老服务开展不多，多数村转居社区设立了老年活动中心，但由于缺乏专业的服务人才，真正能够为老年人提供居家养老服务的并不多；医疗卫生服务不能满足要求，医生人数偏少，医疗设备设施落后、技术力量薄弱、医疗水平不高等问题在村转居社区普遍存在，提供的医疗服务局限于常规的医疗护理；就业指导服务不足，一些村转居没有开展再就业培训指导或者缺乏针对转居居民特点的职业培训。村转居集体经济组织负责了本应由物业公司承担的工作内容，如垃圾的处理等，但只能解决本社区部分人员的就业问题，尚未开展更系统的就业指导、培训；社区文体活动不够丰富，精神文明建设还需加强。一项对苏州市村转居民的抽样问卷调查表明，农村文化娱乐设施相对缺乏，绝大部分村镇仍缺乏图书馆、健身器械等基本文体设施，农民的业余文化生活相对单调，除了看电视外，很少有人看书报杂志，而打牌、搓麻将的人占了很大一部分，赌博之风盛行，严重影响了社会风气。

4.社区的民主自治不顺畅

开展农村社区建设工作，根本目的是满足农村居民对美好生活的追求，因此社区建设应该重视村民参与，要强调“以人为本”，只有社区居民被赋予民主权利，参与民主管理社区，才可能实现整体社区的居民利益。“自治”是社区居民自下而上分享信息、参与社区建设的过程。但是正如同其他形式的社区一样，村转居社区所承担的工作主要是区、街布置的行政任务，其中80%以上都是政府部门交办的行政工作，仍然采用自上而下的管理模式，工作方式基本按政府的指令行事，把社区当作政府机构的延伸，没有给社区充分的基层民主自治权。村转居社区本应当厘清政府与社区的职责，协助政府开展行政工作，实现政府依法行政、社区依法自治。但是现在大多数社区已经本末倒置，转居的社区居委会由于长期接收上级政府摊派的行政任务，变相地成了一级行政单位。长此以往，村转居社区居委会难免沦为政府的附属品，在有意或无意中都会侵犯居民的自主权利。

（三）新型农村社区建设面临经济贫困问题

1.农村社区缺乏优质教育资源

农村社区的教育资源短缺主要体现在两个方面：一是教育资源分布不合理；二是城市学校收费高，使得农民很难享有与市民相同的受教育环境与权利，遭遇到“就学交费高、学校歧视”等不公平待遇。此外，农村居民还面临就业困难和理财能力不足的问题，导致农村居民在子女教育方面严重落后于城市居民，这是一种严重影响农村发展的恶性循环，在日益注重教育、凭学历生存的中国社会，无疑会让村转居居民的生活更加捉襟见肘，加剧他们的经济贫困。

2.农村居民面临就业困难问题

随着城镇化进程加深，农村社区建设的转型，农民被迫面临身份转换问题，而转居后的农村居民由于自身能力和素质问题很难就业，这就导致很大一部分村民主要以征地补偿款、拆迁过渡费和务工收入为主要经济收入来源。由于村集体经济体制改制，部分地区将集体经济量化为股份，按照农龄和人口数进行分配，出现了过分依赖集体经济分红和房屋出租收入、厌恶劳动、坐享其成的现象，同时就业困难、收入不稳定成为困扰村转居居民的一个严重问题。具体表现在职业更换频繁，由于转居后的居民选择第一份职业的不适应或者仓促性，本身对自我定位比较模糊，导致工作变换频率高。人力资源再开发程度低，就业困难重重，表现为转居居民普遍文化水平偏低，没有接受过系统的职业技术培训，无特殊职业技能和专长，出现再就业困难，特别是 40 岁以上的中年人，文化程度低，环境适应能力较差，又缺乏简单劳动需要的体力和精力。就业渠道单一，表现为由于村转居居民缺少在城市就业的高层次职业技能，缺乏在城镇竞争就业和生存的基本技能，大多数只能从事劳动力需求较大或者低收入的简单体力工作，如家政、保安、保洁等工作。获取就业信息方面渠道不足，寻找工作困难重重，只能依赖亲戚、朋友、老乡介绍。由于工作性质不稳定、工资收入低导致转居居民的就业满意度低，收入水平和生活水平下降。在就业政策上，转居居民也常常陷入困境。主要表现在：一是部分县（市、区）对农村劳动力转移及就业提供的优惠政策，村改居后的居民不能再全部享受；二是对村改居居民就业没有优惠政策。目前国家对城镇失业人员和进城务工人员在就业政策及相应待遇、社会保险等方面有所不同，城镇人员在就业待遇及保险落实方面要高一些，因此，部分企业为减少企业生产经营成本，宁愿招收农民工，而不愿招收村改居居民，客观造成村改居居民就业难。如果仅仅依靠低保赖以生存，他们将不可避免地沦为新的城市贫民，给城市带来新的社会问题。

三、农村社区建设的创新途径

（一）构建农村社区化治理体制

构建农村社区化治理体制是实现农村社区建设目标的重要体制保障，就我国当前的社会政治体制而言，新型社区化运行机制如图 6-1 所示。

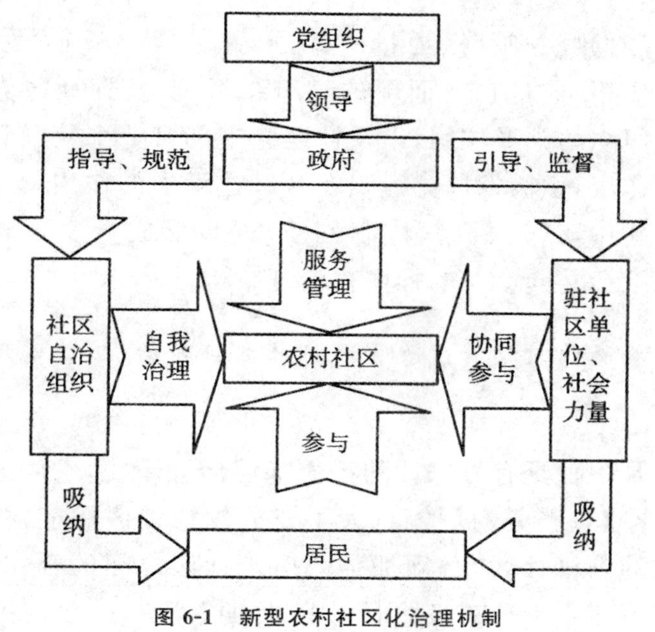

图 6-1　新型农村社区化治理机制

1.以党委为领导,政府、社区、社会共同参与合作

需要明确的是,社区是一个集合,是由社区成员共同组成的社会生活共同体,同时它也是国家治理基层社会的基础单元,对于整个社会建设和发展而言,社区需要承担一定的基层治理职能,这些都对社区治理结构提出了更高的要求。另外,在快速的经济社会发展中,社区日益成为容纳各种企业经济实体、驻社区各类单位、各种性质的社区居民的新型社会生活共同体,不同社区成员及社会力量也有自身的利益需求,客观上也要求参与到社区治理中来。从当前来看,社区发展关涉到多方利益主体,也需要多元利益主体的参与,以更好地解决各类社会矛盾,促进社会和谐。从基层社会治理的角度来看,保障多元主体的参与是未来基层治理的发展趋势。因此,在社区化治理中,应改变现有单位制治理模式,通过改造完善社区组织机构,健全完善社区自组织机构,划清政府、社区在社区治理中的各自边界,政府突出公共管理与公共服务功能,社区突出自我治理功能。同时,拓宽社区治

理的渠道,积极发挥驻社区单位、社会力量参与社区治理的优势作用,形成对政府与社区力量的有力支撑。另外,充分发挥党组织的领导作用,通过自上而下的党组织系统,发挥社区党支部对社区自治组织的领导作用,以及社区党支部对整个社区党组织的统筹协调作用,积极发挥党组织在社区建设中的作用。在社区治理结构构建中,通过机制、体制创新,逐步形成党委领导下的政府、社区、社会共同参与的社区化治理结构。

2.开展有效的政府行政管理与社区自我治理,并实现二者的有机衔接

社区是一种具有特殊性的社会基层治理单位,它同时具备自治、公共管理与服务的职能。为了充分发挥社区职能,构建适应时代发展的农村社区,必须加强政府与社区之间的合作,实现共同建设与治理。治理的最终目的在于使生活在社区内的所有居民都能够平等地享受国家的各项公共服务,使社区居民都能够平等地参与到社区自我治理中来,实现社区居民公民权与社区居民自治权的协调统一,促进新时期人的全面自由发展。从现实来看,建立起社区居民大会、代表大会、监督委员会等自治性架构,实行自我治理,鼓励社区自治组织充分借助社区服务中心载体平台,组建自己的社区志愿性服务管理队伍,专门从事社区内部公共事务的管理与服务工作,充分发挥社区辖区内村干部的力量。同时,设立社区服务中心承接政府公共管理与服务工作,在社区层面上实现政府行政管理服务于社区自治的有效衔接机制。

3.鼓励村民积极参与社区建设,提高社区自我管理、自我服务的自治能力

新型农村社区治理相较于原来具有更强的系统性,新型农村社区建设是有机的,其中社区自我治理机制是农村社区建设和治理的核心,同时也是农村社区居民自治的根本体现。应从实际情况出发,选举产生一定规模的社区自治机关,保障社区自治机关

成员的广泛代表性，这个方面可以通过建立下设的各类具体委员会的形式来实现；建立不同驻社区单位成员共同参与的社区公共事务协商机制，实现定期协商与互动，积极拓展有利于社区居民表达自身利益的相关渠道。形成社区层面社区居民大会、代表大会决策，社区居委会执行，监督委员会监督的自治体制，同时，通过建立社区内各类经济社会组织、居民、驻地单位参与社区自治的参与机制与参与渠道，形成社区层面的自我治理机制。另外，通过引导建立各居民点、村庄或小组为基础的民间社团性自治组织的发展，形成以社区内各集聚点为基础的微观自我治理，作为社区内部的微观自治方式，从而形成社区层面自治与社区内群众自我治理的多层次的治理网络及治理机制，使社区内在自我治理更为丰富。当然，在治理过程中应鼓励各地因地制宜，构建起与本地情况相适应的治理制度，保障各层次治理机制的有效运转。

4.建立政府引导、多方参与的经费筹措和保障机制

充足的资金是顺利开展农村社区建设工作的重要前提，因为社区建设过程中必然会产生一定的财政投入，为了实现农村社区建设的目标，必须加大政府公共事务的投入，尤其是要对现有中央各部门支农惠民政策进行全面清理，强化县市财政部门对涉农项目和资金的审查与统筹，按照“渠道不乱、用途不变、各司其职、集中使用”的原则，凡性质相同、用途相近的，都应纳入整合范围，统筹安排，集中使用，并设立单独账户统一管理，在基层和农村社区项目实施中有效地整合，提高资金的使用效率和效益。在加强政府投入的同时，要广开财路、多元筹措。要进一步拓宽民资进入渠道，鼓励引导社会资本投入社会服务管理，吸引外商投资，形成社区服务多渠道投入和多元化供给机制。要调动社会力量的参与，大力发展公益慈善事业。与此同时，要充分利用财政杠杆调动金融市场，加强银企合作，用好现代投融资工具，发挥金融的作用。进一步解放思想，破除传统观念和制度障碍，盘活现有资

源，为社区治理提供支撑。

（二）构建全覆盖和均等化的农村社区服务体系

农村社区是社会治理的基层组织，其具有组织、管理和服务等基础性功能。农村社区不仅承担着组织和开展社区服务的功能，也承担着协助提供国家基本公共服务并监督服务质量、反映民众需求的责任。为此，必须充分发挥农村社区在国家基本公共服务中的作用。与此同时，我国基本公共服务不仅存在城乡二元化和非均等性，在农村社区内部不同人群之间尤其是户籍人口与外来人口之间还存在着二元化和差异性。因此，在推进城乡基本公共服务的一体化和均等化的同时，必须大力推进社区内部服务的全覆盖和均等化。

1.深化改革农村产权和户籍制度

在当前的农村社区建设中，只有通过深化改革二元户籍制度及农村产权制度，才可以有效破除社区服务的封闭性，实现农村社区建设和治理的全覆盖和均等化。现行的产权、户籍制度及经社不分的基层组织结构导致农村社区本身存在严重的封闭性。外来人口不仅无法参与居地的社会管理、民主选举以及平等享有户籍村民的社区服务，也无法在移居地就近获得教育、医疗、社保等国家基本公共服务。为此，必须进一步深化农村产权和户籍制度改革，实现经社分开，为外来人口进入社区创造条件，不仅让外来人口平等享有社区服务，也能就近便捷地获取国家基本公共服务，从而实现社区内部及城乡之间基本公共服务的一体化和均等化。为此，还要推进县市区社会服务管理信息网络向乡镇、街道和社区延伸，构建集行政管理、社会事务、家庭服务于一体的社区综合管理和服务信息平台，实行“一站式”服务；同时，加快全国性农村社区及居民信息系统建设，实现信息标准化和一体化，为全国性居民自由流动及公共服务分配奠定基础。

2. 建立健全社区公共设施和综合服务平台

随着国家的建设重点逐渐向农村倾斜，近年来我国农村地区的基础设施建设力度不断加大，这有力地促进了城乡基础设施统一规划的实现。例如，湖北省鄂州市在城乡基础设施建设中，实施了“六网”工程，即建设城乡一体的交通网，城乡一体的供水网，城乡一体的供电网，城乡一体的信息网，城乡一体的供气网，城乡一体的市场网。自 2005 年开始，武汉市启动农村“家园建设行动计划”，用 5 年左右时间对在全市 7 个近郊区的 2087 个建制村（含农场大队）实施“四通四改一化一室一场”项目建设。[①] “四通”即路通、水通、电通、信息网络通；“四改”即改水、改厕、改圈、改垃圾堆放形式；“一化”即村塆绿化；“一室”即新建或改扩建集村委会工作用房、村民活动室、村卫生室于一体的多功能室；“一场”即建集晒场、文体活动场地于一体的多功能活动场。在农村公共基础设施建设的同时，各地都大力加强社区综合服务中心和服务平台建设。绝大多数省份都规定农村社区综合服务平台办公和服务用房达到 300～350 平方米以上，有的还设立社区服务站。农村公共基础设施和社区服务设施建设，不仅改善了农村服务设施，也提升了公共服务的水平，同时也为公共服务和社区服务提供了必要的条件。

3. 推动农村社区基本公共服务和社区服务的标准化

首先，农村社区需要制订社区基本公共服务指导目录，这是为了明确上级政府公共服务下放的内容，厘清政府和社区在基本公共服务方面的责任，通过制订该目录，可以有效明确下放职责的范围，规定社区基本公共服务的内容和类型。应对现行各级政府和部门涉农公共管理和公共服务职责进行全面清理，对于直接面向居民群众且可以下放的相关职能和服务，如就业、社会保障、

① 万勇. 实施农村家园建设行动计划 探索武汉特色的新农村建设之路[J]. 中国民政，2006(2)：27-28.

社会救助、医疗卫生、体育健身、教育、文化、安全、环境美化等基本公共服务，都应下沉到基层和社区，提高服务的可及性。其次，要按照服务对象、保障标准、支出责任、覆盖水平等不同方面，对每一项基本公共服务确定国家基本标准，明确公共服务的流程、技术规范及品质标准，从而实现公共服务的规范化和标准化，保障公共服务的质量，提高公共服务的水平。

4.培育和发展社区社会组织，发挥社会组织购买服务功能

对于当前的农村社区建设而言，社区社会组织发挥着越来越重要的作用。因此，有必要进一步推动社会组织的培育和发展。具体来说，就是应该进一步降低准入门槛，简化登记手续；探索成立基层和地方农民协会组织，大力发展各种专业化合作经济组织，鼓励和支持村级经济合作社打破地域界限，实现跨区域和跨行业的自主联合，发挥农民协会组织和合作组织在生产经营、生活服务和自我管理方面的作用。鼓励社会资本投资建立非营利性公益服务机构，健全公共财政对社会组织资助激励机制，完善税收、金融信贷等优惠政策，多渠道筹集社会组织发展资金；进一步放宽准入限制，鼓励支持各类社会机构和企事业单位参与基本公共服务和家庭服务，推进社区商业和居民服务业体系建设，以调动社会各方面的力量，降低公共管理和服务成本，提高管理、服务的效率和质量。推广政府购买社会服务，逐步实现公共服务社会化、专业化、市场化。综合运用项目购买、项目补贴、项目奖励等多种财政支持形式，促进形成有序竞争、多元化参与公共服务的局面；加大公共财政投入，扩大购买服务的范围和数量，完善政府购买社会服务的制度规定，规范购买服务的项目范围、工作程序、操作方式及质量标准；政府的事务性管理工作、适合通过市场和社会提供的公共服务，都可以通过购买和其他适当的方式交给社会组织、中介机构、社区等基层组织承担；引入第三方机构进行绩效评估，健全考核评估和检查监督机制。

5.明确社区与政府公共服务的责权关系，推动基本公共服务重心下移、合作共治

《“十三五”推进基本公共服务均等化规划》中明确指出，“基本公共服务是由政府主导、保障全体公民生存和发展基本需要、与经济社会发展水平相适应的公共服务。”“享有基本公共服务是公民的基本权利，保障人人享有基本公共服务是政府的重要职责。”①农村社区是国家基本公共服务供给和分配的重要环节和基础，教育、医疗、卫生、社保和安全等基本公共服务最终要进入社区，让居民分享，因此，要按照重心下移、强化基层、便民高效的要求，进一步完善国家基本公共服务体系。一些可以由社区组织分配的公共服务，可通过委托等方式直接下社区；一些涉及法律政策及信息安全的服务，不能直接委托下放的事项，可由政府承担，社区协助。上级职能部门下达社区的任务和要求，应连同权限、人员、经费等一并下放；对进入社区工作的行政和事业单位人员实行“编制在政府、服务在社区”的管理，并提高工资待遇，纳入干部人才培养工程，晋级优先。

6.加大农村社区公共财政的投入力度，为农村社区公共服务体系的正常运行提供财政保障

虽然近年来我国十分重视农村地区的基础设施和服务建设，但从整体上看仍然存在城乡差距较大的情况，尤其是我国中西部农村地区在公共基础设施和服务方面与其他地区相比存在比较显著的差距，财政投入与需求缺口比较大；落后地区的地方政府以及村级组织财政比较困难，对村级公益事业财政奖补的配套投入能力有限；加之这些地区集体经济薄弱，社会发展比较落后，更难以从市场和社会获得公益事业建设经费，由此常常造成社区公益建设需求量大，投入不足。为此，应进一步加大公共财政的投

① “十三五”推进基本公共服务均等化规划[EB/OL]. http://www.gov.cn/zhengce/content/2017-03/01/content_5172013.htm.

入。在投入方式上，可建立社区公益事业和公共服务的一事一议财政奖补制度，通过财政奖补的方式，调动社会资源和农民群众参与公共服务和公益事业建设。要进一步扩大一事一议财政奖补的补助范围，将对已建好并投入运行的农村公共设施和公益事业的维护与修缮费用也纳入财政奖补范围，以解决一事一议财政奖补"重建设、轻管护"的矛盾，确保公共设施发挥长期效益。在加强社区公益事业一事一议财政奖补投入的同时，探索建立跨区域性公益事业建设一事一议财政奖补机制。

通过以上分析可以看出，当前我国农村社区建设的重点在于加强和完善社区公共服务，从而缩小或消除城乡差距，实现公共服务一体化和均等化。在这个过程中必须明确，"基本公共服务均等化是指全体公民都能公平可及地获得大致均等的基本公共服务，其核心是促进机会均等，重点是保障人民群众得到基本公共服务的机会，而不是简单的平均化。"[①]打破社区服务的封闭性，破除城乡公共服务的二元化，这不仅是保障公民平等权益的要求，也是实现社区和社会融合的基础。

第二节 城市社区建设研究

一、城市社区建设概述

（一）城市社区建设的概念

城市社区建设内涵丰富，是以城市社区服务、城市社区管理为基础而形成的概念，这一概念的产生是适应我国城市社区发展的必然结果。随着改革开放不断深化，"单位人"已经基本上全部

① "十三五"推进基本公共服务均等化规划［EB/OL］. http://www.gov.cn/zhengce/content/2017-03/01/content_5172013.htm.

转变为“社区人”，相应的管理体制也从单位管理体制转向了社会管理体制。在这个转变过程中，个人对单位的向心力逐渐瓦解，但是对社区的向心力却没有形成。归根结底，主要原因是居民或者个人没有完全建立起对社区的认同。因此，社区建设这个概念的提出，旨在提高社区居民的社会福利水平，满足社区居民在生活和工作中的一些福利需求，诸如居住环境美观、养老服务充分、儿童服务有保障等。通过这些实在的服务内容，使居民能够建立起对社区的认同，进而保障社会的稳定，促进和谐社会的最终实现。

大体上可以将社区建设理解为，在党和政府的领导下，依靠社区力量，利用社区资源，强化社区功能，解决社区问题，促进社区政治、经济、文化、环境的协调和健康发展，不断提高社区成员的生活水平和生活质量。对这个概念的把握，需要认识到社区建设是一个专有概念，其中依靠党的领导和社区力量，利用社区资源，实现社区成员生活水平和生活质量的提高是其核心的要素。在这里必须强调的是，社区建设离不开党的领导。离开了党的领导谈社区建设，无论在实操中或是理论上都会出现偏离。

（二）城市社区建设的意义

城市社区建设是顺应我国社会发展要求产生的全新工作，随着我国城市经济和社会发展的不断推进，社区建设成为必然选择，这是实现我国城市现代化建设目标的一条重要途径。1999 年年底，我国有 667 个城市，749 个市辖区，5904 个街道办事处，11.5 万个居民委员会。[①] 随着改革开放的不断深入，特别是社会主义市场经济体制的初步确立，包括街道办事处、居民委员会在内的城市基层社会结构面临改革和调整的任务，社区的地位和作用变得十分重要，社区建设的要求也变得非常迫切。

随着社会的发展和转型，社会成员已经不再单纯地属于一定

① 民政部关于在全国推进城市社区建设的意见[EB/OL]. http://www.cctv.com/news/china/20001212/366.html.

社会组织，也就是说大量“单位人”转变为“社会人”，与此同时，城市发展还伴随着大量农村人口的涌入，社会流动人口数量不断增加，加上教育、管理工作存在一些薄弱环节，致使城市社会人口的管理相对滞后，迫切需要建立一种新的社区式管理模式。随着我国城市数量的不断增加和城市化进程的加快，基础设施日趋完善，现有城市的管理和服务不相配套，尤其是城市基层社会管理比较薄弱，迫切需要大力加强和完善城市管理水平，提高居民素质和文明程度。随着国有企业深化改革、转换经营机制和政府机构改革、转变职能，企业剥离的社会职能和政府转移出来的服务职能，大部分要由城市社区来承接。建立一个独立于企业事业单位之外的社会保障体系和社会化服务网络，也需要城市社区发挥作用。同时，随着人民群众生活水平的不断提高和住房、医疗、养老、就业等各项制度改革的深入，城市居民与所在社区的关系越来越密切。他们不仅关注社区的发展，参与社区的活动，而且对社区的服务和管理、居住环境、文化娱乐、医疗卫生等方面提出多层次、多样化的要求。当前，随着城市居民生活质量不断提高，他们对社区建设的要求也越来越高，拓展社区服务，提高生活质量，已经成为我国现代化社会建设的必然选择。

随着我国改革开放的不断深化，尤其是党的十四届六中全会以来，以社区建设为载体，活跃基层文化生活和加强社会主义精神文明建设的工作呈现出扎实推进、持续发展的良好态势。随着创建文明社区活动的深入开展，社区面貌明显改观，社区风气逐步好转，文明楼院、文明小区数量不断增多，对促进改革、发展、稳定发挥了积极作用。实践证明，大力开展社区教育，引导居民爱祖国、爱城市、爱社区，可以形成崇尚先进、团结互助、扶正祛邪、积极向上的社区道德风尚；经常组织具有社区特色的群众性文体活动，丰富居民的精神文化生活，可以增强社区的凝聚力，形成科学、文明、健康的生活方式；紧紧抓住社区居民关心的热点、难点问题，有针对性地开展思想政治工作，并坚持把解决思想问题同解决实际问题结合起来，加强社区服务与管理，可以进一步密切党同人民群众的联系，广泛调动社区居民“讲文明树新风、共建美好家园”的积极性。

虽然当前我国已经基本上实现了体制转型，但原来的计划经济时期的管理体制仍然在一定程度上影响着城市居民委员会的工作，使其不同程度地存在行政化管理的现象，居民参与社区建设的程度还不太高。随着改革的深化和居民对社区事务的日益关注，城市居民委员会原有的管理方式很难适应形势发展的需要。面对流动人口、下岗职工、老龄工作、社会治安、计划生育等各种问题，城市居民委员会在管理和服务上力不从心，存在职责权利不统一、职责任务不明确、管辖范围过小、人员结构老化、工作条件差等问题。推进社区建设，发挥社区居民自治组织的作用，保证社区居民依法管理自己的事情，是解决上述问题的有效办法。

二、城市社区建设的主要内容

（一）城市社区服务建设

城市社区建设包含的内容丰富且复杂，这就决定了社区建设是一项综合性的系统工程，其涉及社会生活的各个领域，涉及社区的功能目标、组织体制、运行机制等各类复杂问题。社区建设内容广泛而丰富，关系到社区的全面进步和发展前途，因此必须认真研究和抓实、抓好。在大中城市，要重点抓好城区、街道办事处社区服务中心和社区居民委员会服务站的建设与管理。当前，社区服务主要应开展以下各项工作：

1. 社会救助和福利服务

一般社区中会有一部分人群为弱势群体，社区建设的一项重点内容就是为这类人群提供恰当的社会救助和福利服务。具体来说，老年人、儿童、残疾人、社会贫困户、优抚对象等都属于弱势群体，为他们提供的服务是无偿或低偿的，目的是给他们营造一个安定、舒适的生活环境并改善其生活质量。这种服务是公益性、非营利性的，是社区文明和进步的标志，是社会主义人道主义精神的体现，是对社会弱势群体的关怀和人权的尊重；同时，也能体现出社区发展的综合实力。

2. 再就业服务和社会保障社会化服务

社会成员的充分就业是社会稳定发展的重要保障，原来下岗职工的再就业一般是由职工单位和民政部门负责的，但随着社会发展，社区作为社会管理基层组织，也应该针对这一问题充分发挥自身的社区服务功能，促使社区成员成功再就业。随着民政工作社会化和社会保障社会化的发展趋势，下岗职工和社会保障对象的管理问题也转向社会基层组织，社区已经成为解决上述社会问题的重要运作主体。社区组织根据国家的政策，利用社区资源和发动社区力量扶持下岗职工再就业，对社会保障对象进行属地化的管理。这不仅涉及他们本人及其家庭生活，也涉及社会的稳定和发展。

3. 社会化服务

城市社区的这项功能主要是面向驻社区的单位机构的，是改革开放不断深化下产生的新事物，主要承接企事业单位在机构改革过程中从自身卸掉的"办社会"的重负，为企事业单位提供社会化的"后勤"服务，从而使各单位专心抓生产、搞业务，轻装参与市场经济的运作和竞争，解除它们的"后顾之忧"。社区在承接这项服务时，不仅充实了社区服务的内容，也提出了更高的质量要求。

4. 便民利民服务

社区服务的重点就是为社区居民提供各种促使他们更好地生活的服务，而便民利民服务则是社区服务的基础组成部分，提供这项服务是为了方便和有利于社区居民的生活需要，涉及居民生活的各个方面，既有为居民的日常生活服务，也有为满足特殊居民的特殊需求的服务，还有为居民家庭提供的其他各种服务；既包括提供物质方面的服务，也包括提供精神方面的服务。该项服务以便民利民、满足社区居民对美好生活的需求（包括各种特殊需求）和使群众安居乐业为宗旨。

通过以上分析可以看出，社区服务在社区建设中是基础也是重点，并且随着社会不断发展，人们对社区服务的需要越来越多样化，社区服务将会有十分广阔的前景，在这个过程中必须要坚持社会化、产业化的发展方向。社区服务工作必须把关注民生、服务群众、造福居民作为出发点和落脚点，要坚持以人民为中心，适应群众安居乐业的要求，帮助群众排忧解难，多为群众办实事、办好事。充分利用社区资源，兴办社区服务设施、场所和服务项目，从社区弱势群体和社区居民最迫切要求解决的问题做起。要继续贯彻落实国家对发展社区服务的各项扶持政策，统筹规划，规范行业管理，不断提高社区服务质量和社区管理水平，使社区服务在改善居民生活、扩大就业机会、建立社会保障社会化服务体系、大力发展服务业等方面发挥更加积极的作用。

（二）城市社区治安建设

我国正处于社会转型的关键时期，城市社区对于城市发展而言，发挥着越来越重要的作用，它已经成为化解社会矛盾、促进社会稳定的重要载体。加强社区治安管理，直接关系到社区的安全和稳定，这不仅是和谐社区建设的重要内容，也是解决城市社会问题的重要途径。

1. 建立健全社区治安网络

社区建设不仅关系到社区发展，更关系到社会安定和发展，而构建科学的综合治安网络则是社区稳定发展的重要保障，因此，必须组成畅通敏捷的防范体系，包括社区消防安全工作，是社区治安管理走向现代化、科学化的必备条件。要最大限度地推动社区群众对治安工作的参与，把社区的非警务力量以各种方式组织起来，成为警民一体化程度很高的治安防范机制，形成专群结合、群防群治、打击精确、防范有效的治安工作体系，使社区的居民治安组织、各单位各系统的相关部门都成为社区综合治安网络的组成部分。例如，内蒙古赤峰市的松秀园社区就由市公安局投资建立了专群结合的治安网络，管理人员在社区服务中心就可通过治安网络观察社区内活动的人员及各个角落的安全情况。当然，治安综合治理网络是一个复杂的建设过程，不仅需要筹建治安网络设备，而且需要培养具有治安理论技术的网络人才。

2. 在社区成员中开展法治教育，提供法律咨询服务

新时代中国特色社会主义建设的一个重点是"依法治国"，这在社区建设层面上就体现为建立法治社区，同时法治建设也是实现切实有效的社区治安管理的基本条件。社区管理部门不仅要经常宣传各种法律和法规，更重要的是让居民知法守法，主动遵守法律、自觉遵守法律。这样，居民不仅积极地遵守社区治安条例，还会主动运用法律武器与违背治安的现象做斗争，使社区的治安工作置于广大群众的维护和监督之下，以保持社区良好、安定的生活环境。为此，必须开展经常性和群众性的法律教育工作及民事调查工作，有的放矢地进行法治教育。同时，还要开展法律咨询活动，或者建立法律咨询中心，进一步完善社区法律援助站的工作，积极建立社区调解组织，提升专业化水平。这不仅可以巩固法律教育的积极效果，而且可以对有些居民进行急需的法律援助，使他们学会用法律的武器来维护自己的合法权益。

3. 加强管理社区中的流动人口

随着城乡改革，大量农村人口流入城市（图 6-2），虽然当前我国流动人口规模在经历长期快速增长后开始进入调整期，但流动人口管理仍然是城市社区建设中的一个突出问题。因此，必须对

流动人口进行社会公德、计划生育、城市生活知识等方面的教育，组织建立流动人口管理站与服务组织，配备相应的专职、兼职人员或治保积极分子参加和协助管理。既要保护他们的合法权益，又要让他们遵守社区的秩序和有关规定，使他们在新的环境中充满信心，尽快融入所生活的社区，有序地生活和工作，积极参加社区的管理和建设，以解决和消除社区的不安定因素。

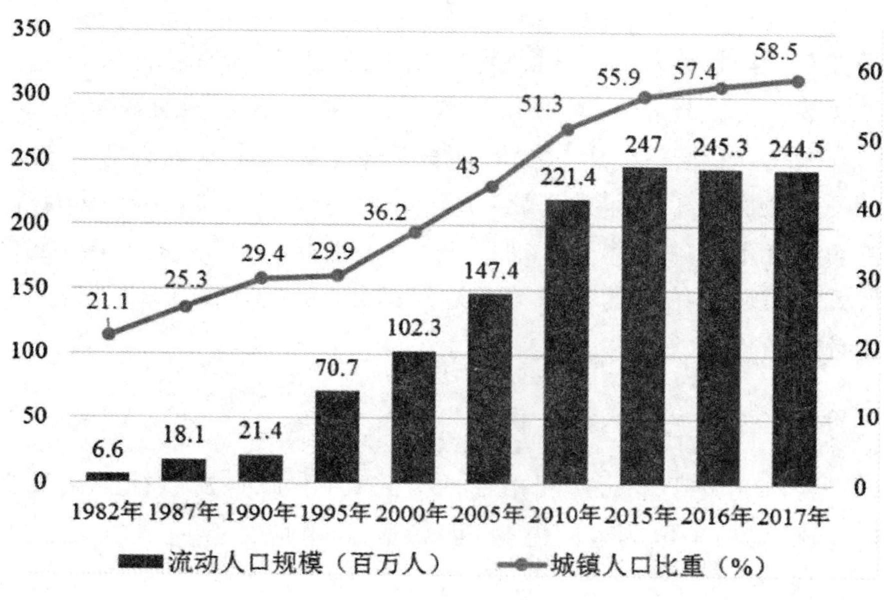

图 6-2　1982—2017 年全国流动人口规模①

4. 设立社区警务室

随着城市社区治安建设的不断深化，规范化、科学化、法制化成为必然趋势。也就是说，城市社区建设必须加强派出所、警务工作站等基层公共安全服务机构的规划和建设，推进警力下移，落实社区警备工作战略。每个社区都应有民警及责任区、警务室，要按照“一区一警”的模式调整和建立社区的治安网络，健全

① 中国流动人口发展报告 2018：流动人口连续三年下降[EB/OL]. http://www.sohu.com/a/285039190_753646.

社区警备工作的功能，完善治安保卫、民事调解、安置帮教、人口管理等各项工作制度。例如，长春市公安局重庆路派出所设置了“专职社区民警”，因为过去的社区民警除了做社区工作外，还得正常接警、处警、值班，只能用一部分时间来从事社区工作。为了进一步加强社区治安工作，一些地方的派出所为每个社区增加一名专职民警，他们真正融入社区里，更细致、全面地专门为社区居民服务，使社区内出租房屋、公寓等老大难问题得到了明显的治理。有位居民在社区碰到一起治安案件，报案后两分钟民警就到了现场。他们还向辖区群众汇报工作，听取群众的意见和建议。民警表示：要全心全意为社区居民服务，绝不让百姓失望。社区居民对他们的工作非常满意，不仅给予很高的赞誉，还积极支持、主动配合他们的工作。在加强“一区一警”治安模式的同时，整合壮大专兼职相结合的社区治安巡逻队伍，也是社区平安创建活动的必需条件。

（三）城市社区文化建设

我国正处于全面建成小康社会的关键时期，发展社会主义文化是该时期的重要建设内容，而社区文化是社会主义文化的基础，因此必须加强社区文化建设，这对于坚定文化自信、推动社会主义文化繁荣兴盛具有战略意义。社区文化是社区总体发展的重要组成部分，必须认真抓好。

1. 建设和完善公益性群众文化设施

当前，大部分社区都设立了社区文化设施，这是开展社区文化传播和教育的物质载体。具体来说，这些社区文化设施主要包括文化活动站、活动中心、俱乐部或活动广场以及各种活动设施。这是吸引和凝聚群众开展社区文化事业的必备条件，是加强思想文化阵地建设的物质保障和基础，是社区文化建设中的首要条件。社区的管理部门一定要根据本社区的文化设施现状和经济投入情况，认真研究，有计划地发展社区文化的物质载体。

2.组织开展内容丰富、形式多样的社区文化活动

随着社区建设不断深化，社区文化建设成为一项重点内容，当前，大部分社区都有自己的文化活动设施，如社区文化站、文化服务活动室、文化广场等，社区应该充分利用这些设施组织和开展多种多样的、健康的艺术、体育、科普、教育、娱乐等活动，活跃居民生活，加强社区凝聚力。由于人们对文化生活的需要是多层次的，社区开展丰富多彩的文化活动可以满足不同层次人们的需要，吸引不同年龄、不同职业、不同兴趣爱好的人们都来参加。社区通过健康有益、积极向上的文化活动，给人们创造良好的客观环境，不仅能丰富人们的业余生活，而且能促进社区成员之间的交流和沟通，增强人们对社区的认同感和归宿感，有利于人们的身心健康以及社区建设的发展和稳定。

3.倡导社区成员选择科学的生活方式

城市社区作为社会建设基础单位，应该充分发挥文化传播功能，在社区成员中宣传精神文明，引导社区成员认可并接受中国社会主义意识形态，引导他们树立健康积极的价值观、人生观、道德观。通过组织各种群众性的文化活动，利用社区的各种专栏、板报及其他宣传工具，面向社区居民，为居民提供健康文明的生活理念，宣传和提倡精神文明和科学的生活方式。科学的生活方式适应现代生产力发展和社会进步要求，它要求人们不仅要有良好的物质生活条件，更要注重精神生活，注重道德、理想、纪律方面的修养。同时，它要求人们的生活必须符合科学规律，做到既要注意身体健康，又要保持心理健康，在社区内形成良好的社会风气和文明健康的生活方式。

（四）城市社区教育建设

1.积极开展思想政治教育

社会主义是我国社会基本性质，作为中国社会成员，应该正

确认识社会主义，正确认识中国特色社会主义，而这就要求社区建设工作者必须在社区内积极开展思想政治教育活动，帮助社区成员树立正确认识。党的十八大以来，以习近平同志为代表的中国共产党人顺应时代发展，从理论和实践上系统回答了新时代坚持和发展什么样的中国特色社会主义这个重大时代课题，创立了习近平新时代中国特色社会主义思想。对居民进行习近平新时代中国特色社会主义思想教育，可以增加居民对社会主义的了解以及对其本质的认识，从而树立坚定的社会主义信念，让居民自觉地信仰和宣传社会主义，积极为中国特色社会主义新时代贡献力量。对居民进行思想政治教育，是为了提高居民的思想政治素质。思想政治素质是人们从事社会政治活动所必需的基本条件和基本品质，它是人们的政治思想、政治方向、政治立场、政治态度、政治信仰的综合表现，有着丰富而深刻的内涵。对社区居民进行思想政治教育是非常必要的，主要是教育人们拥护党的基本路线，关心国家大事，关心祖国的前途和命运，为建设中国特色社会主义，为实现中华民族的复兴艰苦奋斗、建功立业。这是现代中国公民政治觉悟、政治理想、政治信念的集中体现，也是思想政治教育的任务和目标。

2.积极开展道德教育

社会成员素质提高是社会发展的一个重要特征，为了推进我国社会主义建设，需要提高全民素质，城市社区可以发挥其教育功能，在社区居民中积极开展道德教育，以此有效提升他们的道德素质，同时这也是推动先进文化发展的重要途径。在21世纪，我们要全面建成小康社会，加快改革开放和现代化建设步伐，就必须在加强社会主义法治建设的同时，切实加强社会主义道德建设，把依法治国与以德治国紧密结合起来。通过对居民的家庭美德、职业道德、社会公德及个人品德的教育，使公民的道德建设不断深化和拓展，逐步形成和发展与社会主义市场经济相适应的社会主义道德体系。这是提高全民族素质的一项基础性工程，是一项长期而紧迫的任务，需要全社会的努力参与和落实。社区教育必须把公民道德建设融于社区管理工作中，逐步形成道德教育与社区管理，自律与他律互相补充和促进的运行机制。综合运用教育、法律、行政、社会舆论等方法，更加科学、有效地规范人们的行为，提高居民的道德素质，使道德教育真正起到提高道德认识、陶冶道德情感、确立道德信念、坚定道德意志、形成道德习惯的作用，使居民不断提高自身的道德意识修养、道德选择能力和道德践行能力。

3.积极开展科学技术教育

发达的科学技术是现代社会的重要特征，科学技术的发展成果是推动人类社会发展的重要动力；同时，科学精神和科学技术已经由传统的权威人士，即少数人掌握的状态渗透到全社会。为了适应时代的前进步伐，必须对居民进行新科学、新技术教育，特别是迷信、愚昧还在现实生活中存在，在反科学、伪科学活动时有发生的情况下，在居民中大力弘扬科学精神，使其掌握新的科学技术极为重要。目的在于教育人们树立科学思想，改变人们的精神面貌，提倡实事求是的科学态度，树立精益求精、求真务实、不断创新的工作作风。在新科学观念的指导下，鼓励人们掌握一些现代的技能，如电脑技术。

为了适应社区成员的实际需要，社区组织及相关部门应该开展内容丰富、形式多样的科学技术培训班，从而具有针对性的满足老年人、青年人、下岗职工等不同层次人们的不同需求，采取适合本社区实际情况的科技教育形式，从而提高人们的科学技术水平和科学文化素质。

4.积极开展身心健康教育

健康是人们追求美好生活的重要基础，这同时包括身体健康和心理健康，在高速发展的社会背景下，人们的身心健康成为全社会关注的重点，因此社区建设必须考虑这方面诉求。人生的质量、家庭生活的幸福和社会的文明都与人们的身体健康和心理健康有密切联系，尤其是心理健康作为一个社会问题，显得越来越重要。心理健康是一种持续、积极的心理状态，个体在这种状态下能够很好地适应环境，使生命充满活力，能充分发挥其身心的潜能。心理健康的人一般有正确的自我意识和良好的人际关系，他们热爱生活，积极工作，有较强的协调和控制情绪的能力，能保持人格的完整和健康。特别是在社会全面转型时期，各种矛盾突出，社会竞争激烈，面对剧烈变化的社会环境，没有健康的心理素质是很难适应的，更谈不上发展。因此，人生的幸福需要身心健康，事业的成功需要身心健康，社会生活也需要身心健康，现代社区建设和完善更需要身心健康，必须对人们进行身心健康教育。

（五）城市社区环境建设

1. 重视社区环境卫生

城市社区环境卫生是城市社区环境建设的基础，这直接关系社区成员的生活。要做到这一点，不仅需要社区卫生管理人员的努力，需要保洁队成员的辛勤劳动，更需要群众积极、主动地参加卫生活动，做到人人讲卫生、人人搞卫生、人人管卫生、人人保持卫生。“社区是我家，卫生靠大家”，建设居民共同享有的、良好的社区卫生环境，建设干净整洁的文明社区。

2. 培育社区居民的环保意识

良好的社区环境需要依靠全体社区居民的共同努力，首先必须培养社区居民的环保意识，让他们正确认识社区环境对个人的生活和健康、对城市文明的重要价值，从而主动、积极地保护环境。同时，要赋予社区居民对社区环境的知情权，即了解社区环境的情况，包括绿化情况、污染情况、建设方向、改造重点等内容，以便居民积极主动地参与环境建设和保护活动。

3. 加强社区环境整治

随着城市社区居民对生活质量的要求不断提高，他们对社区环境的期望不再仅限于有序、整洁、干净等，而是逐渐提高标准，按照美学标准要求社区环境，这就要求社区环境建设工作者要利用和创造各种条件让它美起来、绿起来，这是社区不断向更高层次建设和文明进步的重要标志。当然，要做到净化、绿化、美化社区环境，需要有一定的社会条件，特别是要有大量的人力、物力、财力等条件，既需要社区内部的积极主动性，又需要有关部门的各种投入和支持，需要有关部门、社会各个方面以及社区组织和群众的共同努力。

三、城市社区建设模式及其创新发展

（一）城市社区建设模式

在城市社区建设过程中，不同地区根据自身实际条件进行实践探索，逐渐形成了不同的社区建设模式，这些模式具有各自的特征和优势、劣势。下面对上海模式、沈阳模式、江汉模式和解放模式进行比较分析，如表 6-1 所示。

表 6-1　社区建设模式的比较分析

地方模式	模式分类	特征	优点	缺点
上海模式	政府主导	行政覆盖式，将市、区一部分管理职能向街道让渡，扩大街道管理权限，加强街道的权力和作用，实现政府的行政管理重心下移，形成由领导、执行和支持三大系统密切配合的新型管理体制	政府职能转变，明确界定区街事务权限；调整理顺关系，构建新型行政运行机制；社区工作成员专业化，推进居民自治。区街基于自身情况的创新不断地充实上海模式的内容	居委会行政色彩较强，承担过多摊派任务；社区居民参与程度不高，自治能力不足；社区自治组织科层化日益突出

续表

地方模式	模式分类	特征	优点	缺点
沈阳模式	居民自治	行政授权式，区别于上海行政权力在政府内部分配，它的行政权力在政府外分配，以行政推动为动力，将居委会推向基层社会再组织第一线	明确居民自治的区域定位；“社区自治、议行分离”明确界定政府与社区职责；“权随责走，费随事转”制度，具有以社区为本位的体制建设的示范意义	政府职能越位与缺位现象并存；实际运行中，往往过度行政化，忽略社区自治；社区居民自治意识发育不足，参与不充分，难以实现制度初衷
江汉模式	政社合作	在沈阳模式基础上理清政府与社区的关系问题，街道体制与社区体制对接，政府行动与社会行动对接	政府职能转变，理顺政府组织与社区组织关系；“小政府大社会”理念创新体制机制。从内外两个层面进一步深化的沈阳模式	社区居民自治意识不足，参与社区事务积极性不高；社区公共服务设施不足，使体制创新的形式化意义大于实质
解放模式	复合共治	责任共担、资源整合、多元服务、东西结合的复合形态	平等、互惠、权力与权利结合的价值引导；政府公共责任整合资源效率高；条块共治聚合效应；社区建设从管理走向治理；社区服务从一元走向多元	政府主导下的责任共担在实践中容易形成两难，要么是政府的，要么形成扯皮推诿；未能培育居民参与意识，参与度不高
共同点	1. 实践模式改革的动力机制趋同，政府着眼于推进经济发展，解决居民需求问题，整合人、财、物、权资源，引导社区建设；社区内部各种利益诉求问题是社区建设持续变革的动力之一 2. 制度设计类似，均从社区定位、组织机构、运行机制、经费保障、职权划分等层面进行制度安排 3. 理念上和组织安排上强调引导多元主体参与社区建设 4. 侧重社区秩序稳定与服务供给 5. 划分政府与社区边界，保持社区的自治定位 6. 坚持党的领导核心并进行组织建设和制度性安排			

通过以上分析可以看出，上海模式是政府主导型社区建设模

式，沈阳模式是居民自治型社区建设模式，江汉模式是政社合作型社区建设模式，解放模式是复合共治型社区建设模式。通过表6-1的比较分析可以看出，这些模式虽然具有各自特征，但也有很多共同点，都代表着一种自上而下设计的并由行政实践主导的城市管理创新的方式。通过这些模式的建构，基本上实现了当时社区建设提出时的期许，建立起以地域性为特征的新型社区，构建新的社区组织体系；正在进行社区服务向社区公共服务的转变；建立与社会主义市场经济体制相适应的社区管理体制和运行机制等。但是，仍存在问题有待解决，如普遍存在行政实践主导的特性，居民参与意识不足，参与能力未得到充分的培育，社区建设仍然有待深化发展，地方需要结合自身的实践进行持续的创新。

（二）城市社区建设的创新发展

1. 北京城市社区建设的创新实践

北京为了适应发展需要，于2008年出台了《关于加快推进社会组织改革与发展的意见》《关于构建市级“枢纽型”社会组织工作体系暂行办法》，这是首次我国有地区提出构建枢纽型社会组织建设。2009年3月，北京市认定10家人民团体为第一批市级“枢纽型”社会组织。2010年12月，又认定第二批12家市级“枢纽型”社会组织。两批22家“枢纽型”社会组织的业务领域可覆盖市级社会组织的80%左右。在市级社会组织“枢纽型”工作体系基本建立的同时，区县乃至街道层面也在根据具体情况构建相应的工作体系，争取逐步形成市、区（县）、街道（乡镇）多级“枢纽”，从而建立起比较完整的分类管理、分级负责的“枢纽型”社会组织工作网络，主要表现在：在全市建立228家“社区青年汇”和“乡村青年社”，市妇联在全市建立了6590个“妇女之家”，实现了对16个区县、2646个社区和3944个村的全覆盖；①市科协、市社

① 卢建，杨沛龙，马兴永. 北京市构建社会组织“枢纽型”工作体系的实践与策略[J]. 社团管理研究，2011(9)：26-29.

科联组织所属学会、研究会持续举办“科普进社区”“周末社区大讲堂”等品牌活动，为科技工作者服务基层群众、参与社会建设搭建工作平台；市红十字会推出999社区综合服务站“红立方”品牌，以社会需求为导向，以便民利民、志愿服务为目标，为社区群众提供方便快捷、优质高效的服务。

北京市大力构建枢纽型社会组织，充分发挥这类组织的作用，与其他组织机构共同开展社会治理工作，从大体上来看，这种实践主要有几方面特点。首先，社区管理实行政社分开和权责分离，即政府及其各职能部门不再直接介入社区的具体管理，而是通过授权或组建社会组织的方式参与社区治理实践。其次，社群组织发挥桥梁纽带作用和自身治理优势，通过社群组织的资源优势和基层动员能力，既能促进社区治理资源的整合和共享，又能产生集约效应破解多头治理的无效性。最后，治理主体多元一体，不同社会组织具有不同服务领域和特定人群，但最后往往能够通过地方政府各职能部门的沟通协调达到治理主体的一体化。

构建枢纽型社会组织参与社区治理的科学体系，实现了多方参与、共同负责的社会治理实践模式，具体说，这是一种“党委领导、政府负责、社会组织参与、市场化运作”的社会治理模式，是符合新时期社区建设和社会治理需要的全新模式。它通过发挥社会组织的基层社区影响力和动员优势，勾连起地方政府各职能部门与基层社区的关联，并且借助作为第三方的社会组织的专业性和服务效能，实现社区治理的优化。

2.广州城市社区建设的创新实践

广州也是我国发展较快、较早的城市之一。广州于2007年开始开展政府购买社会服务的活动。最初，海珠区政府出资200万元，向启创社工服务中心购买了三条街道和两所中学的青少年服务项目。紧接着，荔湾区投入100万元，向广州市大同社工服务中心、广州荔湾区逢源人家服务中心等购买服务，向该区8个试点街道的老年人、青少年、残疾人、困难群体提供服务。① 2008年，广州市开始推行政府购买社会组织参与社区服务项目，2008—2014年，广州市、区两级政府购买服务的财政投入累计11.07亿元，社会组织数量和累计投入购买社会服务的财政资金两项指标均为全国第一。② 广州市在社区大力推广政府购买公共服务起始于2011年，广州市于同年颁布了《关于加快街道家庭综合服务中心建设的实施办法》，按照文件中的计划，到2012年上半年，全市每个街道至少建成一个家庭综合服务中心。家庭综合服务中心由政府出资购买，社会组织承办、全程跟踪评估。文件强调："加快家庭综合服务中心建设是我市进一步理顺基层社会服务管理体制、推进街道社会服务管理改革创新的重要内容，是加快政府职能转变、提升政府公共服务能力和社会管理水平的具体措施，是落成城市管理重心下移、理顺基层管理关系、促进国家中心城市和全省宜居城乡'首善之区'建设的重要途径。"2012年2月3日召开的广东省社会工作专业人才队伍建设工作会议决定，投入2.6亿元帮助133个街道建设家庭综合服务中心和购买社工服务，平均每个街道投入资金200万元。③

在广州市建设并实践的项目制政府购买社区服务治理模式的实践过程中，可以看出这种社区建设和社会治理模式具备以下几个主要特征：首先，以项目为载体，实现社区治理主体多元参与社区。在项目制模式中，政府通过授权式外包或政府购买的方式，实现多元治理主体的社区参与。其次，社区治理主体的关系链条建立。在项目制治理实践中，政府是委托授权方，社会组织是服务提供者，社区自组织是协调监督方，社区及其居民是服务的受益者。再次，治理内容上的事务性与活动化。项目制以社区

---

① 管兵，夏瑛. 政府购买服务的制度选择及治理效果：项目制、单位制、混合制[J]. 管理世界，2016(8)：58-72.

② 罗观翠. 广东社会工作发展报告(2014)[M]. 北京：中国社会科学文献出版社，2014：16-18.

③ 同①.

具体公共服务事项为中心，围绕社区服务开展活动。最后，治理过程的专业化和服务性。通过专业社会组织承接政府服务，较好地满足社区居民的多元化利益诉求。因此，通过政府购买社会组织的基层社会公共服务，既能发挥各类社会组织的优势，实现对基层社区居民多样化需求的满足，也有效延展政府在基层社区的权威和控制，最终实现政府与各类社会组织在基层社区治理中的合作共赢。

第七章　新时代智慧社区建设与发展

随着智慧城市概念的推广,我国很多地区都兴起了建设智慧城市的热潮,将智慧城市作为未来城市发展的方向。智慧社区的建设作为其中最重要的组成部分之一,也进行得如火如荼。

第一节　智慧社区概述

一、智慧社区的定义

城市是人类文明发展的产物,社区是其最基本的组成部分。社区作为城市居民生存和发展的载体,其智慧化是城市智慧水平的集中体现。智慧社区是社区管理的一种新理念,是新形势下社会管理创新的一种新模式。智慧社区是指充分利用物联网、云计算、移动互联网等新一代信息技术的集成应用,为社区居民提供一个安全、舒适、便利的现代化、智慧化生活环境,从而形成基于信息化、智能化社会管理与服务的一种新的管理形态的社区。智慧社区的发展是一个持续过程,从 20 世纪 80 年代末开始,经过了智能化、数字化、智慧化几个阶段,产品与技术从非可视楼宇对讲开始逐步向网络化、信息化、可视化、社区服务化方向发展,服务范围从楼宇、家居扩展到周边商圈。智慧社区从功能上讲,是以社区居民为服务核心,为居民提供安全、高效、便捷的智慧化服务,全面满足居民的生存和发展需要。

2014 年 5 月住房和城乡建设部颁布《智慧社区建设指南》,指南中明确智慧社区是通过综合运用现代科学技术，整合区域人、地、物、情、事、组织和房屋等信息，统筹公共管理、公共服务和商业服务等资源；以智慧社区综合信息服务平台为支撑，依托适度领先的基础设施建设，提升社区治理和小区管理现代化，促进公共服务和便民利民服务智能化的一种社区管理和服务的创新模式；也是实现新型城镇化发展目标和社区服务体系建设目标的重要举措之一。

从实现智能生活角度界定智慧社区，可以认为“智慧社区”是借助物联网、宽带移动互联网、云计算、数据挖掘等新一代信息技术，充分整合及利用资源，形成高效协同、敏捷的电子政务及电子商务的运行模式，通过现代物业管理、智能家居、智能楼宇、水电气自动抄表、食品安全溯源推送、社区医疗、社区住家养老保健、智能交通、环境监控、安防监控、电子投票、邻里互动、社区文化及教育、新媒体推送、电子商务、电子支付等服务，以社区群众的幸福感为出发点，构造一个以人为本的智慧民生服务系统。

从社会治理、信息化、智慧城市三个视角阐述智慧社区，可以认为智慧社区就是充分借助物联网、云计算等技术，以满足社区居民和社区管理需求为导向，整合社区各要素资源，实现社区内部、社区与城市之间各类信息的共享与业务协同，完善社区基础设施建设，优化生产方式、生活方式、生活环境，构建一个便捷、舒适、智能、绿色、可持续发展的社区新模式。

从服务角度界定智慧社区，可以认为智慧社区是指依托各种传感与通信终端设备感知信息，利用有线与无线通信网络传输信息，运用智能化处理平台挖掘整合信息，并有效引入城市智慧应用系统，实现社区管理精细化、服务人文化、运行低碳化，为居民提供便捷、舒适、环保的生活空间的综合系统。

从管理角度界定智慧社区，可以认为智慧社区是充分借助互联网、物联网、传感网等网络通信技术对住宅楼宇、家居、医疗、社区服务等进行智能化的构建，从而形成基于大规模信息智能处理的一种新的管理形态社区。

二、智慧社区的表现形式

智慧社区以社区为载体，以社区居民为服务对象，以提高居民幸福感为目的，通过建立智能综合服务平台，以实现社区智慧管理、智慧服务的一种新型社区管理模式。服务和管理主要包括公共服务、便民服务、社会治理和物业管理等，涉及电子政务、物业、互联网＋企业、运营商、第三方汇聚服务实体等多个方面。

三、智慧社区建设的意义

推进社区治理现代化和智慧社区建设，是党中央、国务院立足于我国信息化和新型城市化发展实际，为提升基层社会治理和城市管理服务水平而做出的重大决策。智慧社区的建设发展能够平衡社会、商业和环境需求，同时优化可用资源，通过应用信息技术规划、设计、建造和运营社区基础设施，提高居民生活质量和社会经济福利，从而促进社区和谐，推动区域进步。

（一）推进传统城市转型升级，促进城市可持续发展

快速增加的城市人口使得现有城市资源面临极大威胁，如水资源短缺、能源紧张、交通拥挤、土地空间有限、基础设施落后、公共服务配套不足、失业率增加等，传统城市发展方式难以为继。建设智慧城市，可以实现对城市的精准管理和科学决策，推进经济社会发展及城市管理智慧化，推进实体经济与虚拟经济结伴提升，实现城市高效协调运作，有利于提高经济社会发展效率和城市管理水平，有利于促进城市集约、绿色发展。智慧社区是发展智慧城市的关键内容之一，以社区为单位，开展数字化、智能化的建设，以点带面地逐步实现整个城市的智慧化，达到对城市实时控制，从而实现精准管理和科学决策。智慧社区的建设是对城市基础设施发展的前瞻性布局，也是城市发展核心竞争力的根本，

有利于促进城市的可持续发展。

（二）加快和谐社会建设，提升政府执政形象

以社区作为政府传递新政策思想的新型单位，借助数字化、信息化的手段迅速传递政策，同时进一步加快电子政务向社区延伸，提高政府的办事效率和服务能力，提升政府执政形象，充分体现以人为本、服务民生。因此，智慧社区的建设对政府打造信息畅通、管理有序、服务完善、人际关系和谐的现代化社区具有重要意义。

（三）完善社区服务功能，提高居民生活质量

智慧社区所承载的应用涵盖了人们的生活、工作、学习、娱乐等各个方面，与人们的生活息息相关，并将改变人们的生活方式。智慧社区为居民提供一个互动的智慧网络，创造安全、舒适、便利、愉悦的社区生活环境，可以提高居民生活的舒适度、归属感和幸福感。智慧社区的发展是从强调以技术为核心到强调以技术服务于人为核心的一种转变，通过技术使人们生活更便捷、更人性化和智慧化，真正提高居民的生活质量是构建智慧社区的目标。

积极推进智慧社区建设，有利于提高基础设施的集约化和智能化水平，实现绿色生态社区建设，有利于促进和扩大政务信息共享范围，降低行政管理成本，增强行政运行效能，推动基层政府型向服务型政府的转型，促进社区治理体系的现代化，有利于减轻社区组织的工作负担，改善社区组织的工作条件，优化社区自治环境，提升社区服务和管理能力，有利于保障基本公共服务均等化，改进基本公共服务的提供方式，以及拓展服务内容和领域、为建立多元化、多层次的社区服务体系打下良好的基础。

第二节　智慧社区的当前现状

信息技术的高速发展带来了全球普遍的信息化浪潮，信息技术是智慧城市建设的主要支撑力，世界各国和政府组织都不约而

同地提出了依赖互联网和信息技术来改变城市未来发展蓝图的智慧城市计划。智慧社区作为智慧城市的重要入口,也受到了各国的重视。

一、国外智慧社区的现状分析

(一)新加坡智慧社区的现状分析

近年来,新加坡正全力打造智慧花园型城市国家,在构建智能交通系统、清洁能源系统、电子政务系统、通信基础设施等方面取得了显著的成果。新加坡的智慧社区作为智慧城市的重要组成部分,其管理以政府为主导,充分发挥社团、公民的作用,是典型的政府主导与社区高度自治相结合的模式。智慧社区以全体社区居民为服务对象,提供物业服务、物流服务、商业服务、家庭服务、医疗服务以及公益服务等,以满足社区居民的日常生活需求。

新加坡智慧社区服务系统主要包括电子商务、电子政务、社区医疗及社区文娱四个系统,具体服务内容如图 7-1 所示。系统的各项职能主要通过政府开办的政务类网站及民间组织开办的互助类网站、论坛和社区信息查询网站来实现。

(二)日本智慧社区的现状分析

日本智慧社区服务在法律、制度的制定,各组织机构的建立以及具体的工作实施方面,已形成了一套完整的服务体系。日本社区在政府的引导下,由区域自治组织、社会部及社区民间组织共同对社区进行管理,在居民生活的物业、物流、家政、商业、医疗卫生等方面提供全方位、多样化的社区服务。

日本社区服务系统主要包括以便利店及生活协同组合为主要形式的电子商务信息系统,以宣传和咨询服务为主的电子政务信息系统,以个人消费者为主要对象的物流信息系统,以育婴服务、儿童看护服务、老人服务及家庭保洁服务为主的家政服务信息系统和以社区电子助医及电子病历为主要功能的医疗卫生信息系统五个系统。信息系统的各项职能由政府开办的政务网站、物流、物业企业及医院等服务机构的官方网站及自治团体或志愿者创建的服务网站来实现。

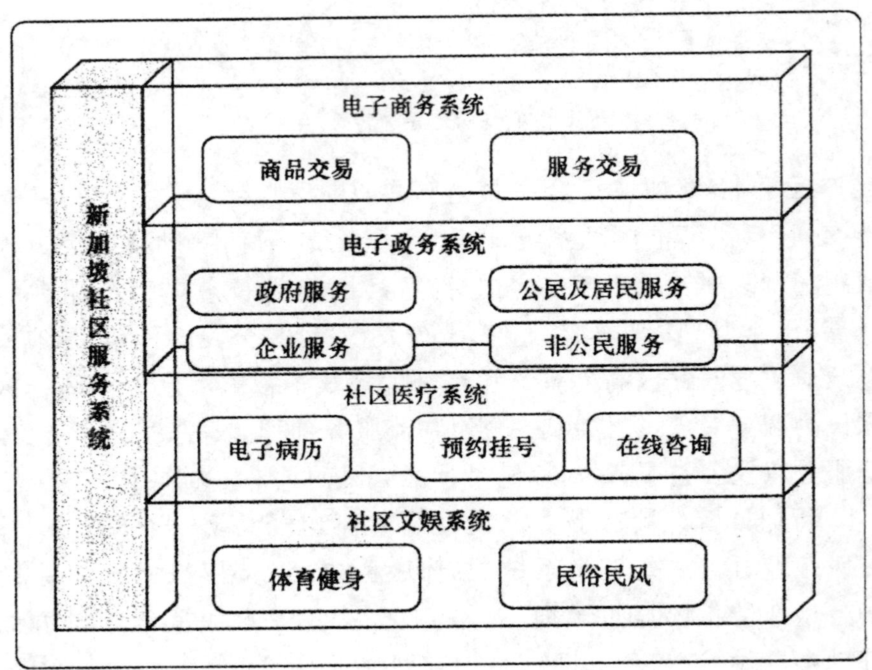

图 7-1　新加坡社区服务系统

二、国内智慧社区的现状分析

（一）我国香港特别行政区智慧社区的现状分析

香港特别行政区社区由政府下设的行政组织及社会组织进行管理并为社区居民提供日常管理服务，其中行政组织提供行政管理和公共服务，社会组织提供自治管理和公益服务。我国香港特别行政区社区可提供多元化的服务体系，提供的服务几乎覆盖了社区居民社会生活的各个方面，主要包括政务服务、商业服务、家政服务、医疗服务、物业服务和物流服务。

我国香港特别行政区社区服务系统的服务内容主要由电子政务、社区网站,以及电子商务三大模块所提供,包括社区商务系统、社区物流信息平台、社区电子政务平台以及社区医疗卫生平台。

(二)我国内陆地区智慧社区的现状分析

我国社区主要由居委会和物业公司进行管理。居委会作为社区居民自我管理、自我教育、自我服务的基层群众性自治组织,是党和政府联系人民群众的桥梁和纽带之一,同时也是政府为社区居民服务的主要机构。物业公司对社区内的物业进行相应管理,主要接受社区内业主的委托,依照有关法律法规的规定或合同的约定,对社区内的物业实行专业化管理并获得相应的报酬。居民作为社区的主体,则希望社区管理者能为自己的日常生活提供便捷、全面的服务,以此满足自身多样化的需求。

与新加坡、日本、我国香港的智慧社区相比,我国内地社区服务内容还不够完善,信息服务系统比较落后,不能很好地满足居民多样化的需求。

第三节 智慧社区的发展策略

一、我国智慧社区建设的规划

我国从 20 世纪 90 年代开始进行智慧社区建设的探索,目前,智慧社区建设在全国各地都如火如荼地进行着。我国幅员辽阔,东部、中部与西部地区在国民经济、信息化水平、居民信息化素质、地理条件等方面都存在巨大差异。因此,智慧社区建设应该因地制宜,充分考虑地方特色,进而构建我国智慧社区建设的总体规划。

智慧社区规划在信息化建设过程中占据重要地位。社区在进行信息化建设的过程中，只有有了一个全面、周密、科学的信息化规划，才能有效地避免智慧社区建设中出现的各种问题；才能在社区内部达成广泛的共识，收到事半功倍的效果。

智慧社区规划是对整个信息化建设的规划，不是对单个信息化建设项目的规划。它要确定社区需要建立哪些信息系统，各个信息系统应该如何连接起来形成一个有机整体。要解决的问题是战略层次的，是关于整体性的。单个信息化建设项目也需要规划，但这种规划是技术层次的，针对单个系统。一般说来，智慧社区规划是进行单个信息化建设项目规划的前提和依据。先有整体的、总体的规划，再有局部的、单个信息系统的规划。所以，智慧社区规划一般被称为智慧社区总体规划或智慧社区整体规划。

当然，智慧社区建设也是有规律可遵循的，通过对国内智慧社区建设先行城市的情况进行研究分析，总结出的共同的或者大多数智慧社区建设的总体框架如图 7-2 所示。

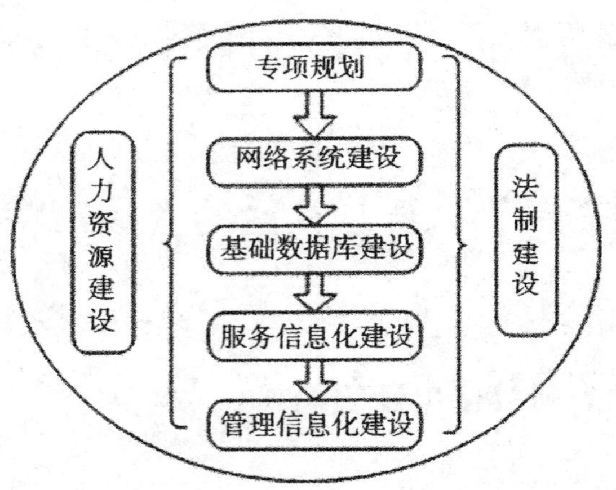

图 7-2　智慧社区建设的总体框架

法制建设和人力资源建设贯穿智慧社区建设的全过程。法制建设规范了智慧社区建设主体的行为，保证建设在法规的框架内进行。人力资源是智慧社区建设的智力支持，社区建设、社区管理和服务最终还是要通过人才能实现。因此，构建优秀的人力资源团队对于促进智慧社区建设的顺利实施、加速信息化实现都将发挥巨大的基础作用。规划是智慧社区建设的基础工作。在智慧社区建设规划的指导下进行建设项目安排，包括项目的进度、项目实施中的资源保障等，使以后的建设有的放矢。

智慧社区建设是一项复杂的系统工程，涉及方方面面的问题。规划不可能把所有的问题都考虑清楚，都提出具体的解决措施。所以，只能是重点考虑涉及整体性的问题，提出整体解决框架；而具体细节，则需要在具体实施时再加以详细考虑。针对此提出了智慧社区建设专项规划，专项规划具有很强的全局性、综合性、战略性。在智慧社区规划过程中最突出的问题是，既要尽可能地保持规划的开放性和长远性，以确保系统的稳定性和延续性；同时又因为规划没有变化快，再长远细致的规划也难以保证能跟上环境的变化。所以在规划阶段要将智慧社区发展战略与社区、城市、国家的发展战略保持一致，同时规划要有一定的弹性和可扩展性，以备在以后实施过程中进行调整和控制。

二、智慧社区建设的原则与思路

智慧社区建设是城市信息化进程的重要组成部分，是城市管理及和谐社区建设的基础环节。智慧社区建设过程要遵循科学的原则和思路，多学习先行城市的成功经验，尽量避免盲目冒进，少走弯路。

（一）智慧社区建设的原则

智慧社区建设毕竟还是一个新生事物，从智慧社区建设起步较早城市的经验来看，智慧社区建设投入较大，周期较长，需要持之以恒地发展。智慧社区建设要遵循党的十七大会议精神和“三个代表”重要思想，落实“科学发展观”，坚持“以人为本，政府引导，整合资源，重点突破”的原则。

1. 政府引导、社会参与

结合“两级政府，三级管理”体制，科学制定智慧社区的目标任务和工作重点,加强指导,增强智慧社区工作的有效性、整体性。发挥社区力量,合理配置社区资源,因地制宜地发展智慧社区事业,提高社区居民关心并投入社区工作和公益事业的参与度。

2. 以人为本,利民便民

营造良好的信息化市场环境,不断满足社区居民的多元化需求,促进社区居民的信息消费,提高居民生活质量和文明程度,把服务社区居民作为智慧社区建设和管理的根本出发点和归宿。

3. 权责统一,整合资源

明确智慧社区的职责和权利,优化管理与服务流程,通过高效、便民的信息化管理与服务,增强社区凝聚力。利用信息技术实现社区信息资源的整合与共享,共建智慧社区的良好氛围。

4. 全面推进,重点突破

坚持循序渐进、有条不紊的原则和实事求是的态度,推进智慧社区建设的协调、健康、快速发展。继续抓好试点社区的信息化建设和经验推广,突出信息化社区特色和个性化服务,从居民群众迫切要求解决和热切关注的问题入手,有计划有步骤地推进智慧社区建设。

(二)智慧社区建设的基本思路

智慧社区应该以“先易后难,先试点后整体规划,逐步推进,逐项突破”的发展思路渐进进行。

1. 先易后难

“先易后难”是从最容易普及和传播信息化的手段入手,积极稳妥地向社区居民以及企业、机关、社会扩散信息技术,即按照“e 社区—e 政府—e 商贸—e 城市”的次序和步骤构筑智慧社区的基本框架，最后达到全市普及智慧社区的目的。

2.先试点后整体规划

“先试点后整体规划”是从自主探索、有计划试点，逐步走向整体规划、全面建设的阶段。比如重庆市智慧社区建设就经历了自主探索、政府推行试点两个发展阶段。先是大渡口区新山村街道新一社区居委会自主开发软件系统，探索实施社区管理和服务信息化，然后将其智慧社区建设经验向本街道和本区推广，而后市政府确定了大渡口区为全市的智慧社区建设试点，从政策和资金上予以支持。政府推动，企业投入，市场化运作的智慧社区建设的路子，为全面推进智慧社区建设提供了经验。

3.逐步推进

“逐步推进”是在推广和应用信息技术过程中，要踏踏实实地做好普及和传播智慧社区的工作，特别是在人才储备、资金筹备、基础设施建设等工作上，要从基础工作抓起，循序渐进地开展各项信息技术应用的工作。

4.逐项突破

“逐项突破”是在应用信息技术中，从基础着手，从信息基础设施建设开始，到电子商务的推广、电子政务的推进，最后建设统一的社区综合管理信息平台。逐项落实、逐项攻关、逐项突破。

三、智慧社区发展的策略

智慧社区的建设在中国还存在着诸多困难，而作为智慧社区建设主体的社区政府，应充分利用各种条件，并针对当前存在的问题和困难，积极主动地采取相应的对策和措施，以促进智慧社区建设的发展。

（一）充分调动各级政府和社区参与智慧社区的积极性

1. 进一步完善各级政府部门的社区管理职能，优化电子政务中社区管理的业务流程

目前，我国不少地区的社区管理实施的是“两级政府，三级管理”体制，“两级政府”是指市级和区级两级政府，“三级管理”是指区政府通过城镇街道办事机构实施社区管理，而街道办事机构又往往通过所辖的社区居委会才能真正落实社区管理的具体工作。这样一种管理体制仍然难以突破计划经济体制下传统的僵化管理模式，办事流程复杂，信息沟通渠道不畅。智慧社区有助于探索扁平式的社区管理的组织管理体制，通过社区管理信息平台，促使政府社区管理服务重心下移，使城镇街道办事机构与社区居委会合二为一，分别建立市、区二级政府社区管理信息公共交换平台，简化办事流程，真正实现“一方受理，多方协同”，充分发挥社区基层管理组织和社区居民在社区管理中的自治作用。

2. 积极引导社区居民实现从“单位人”到“社区人”的观念转变

将原来由单位承担的部分社会功能逐步向社区管理转移，激励社区居民不仅关心社区福利，而且更多地关心社区建设和发展。增强社区管理中社区居民和社区组织的自治能力，实现社区居民的个人家庭利益与社区利益、社区利益与社会利益的紧密联系在一起。

（二）逐步完善信息基础设施建设

在信息化建设过程中，不仅要注意提高社区计算机的普及率，而且要特别重视建立功能强大的信息网络，包括社区企业网、社区事业网、社区政府机构及国内重点网与国际因特网的对接。

（三）强化政府的统筹管理作用

各市民政局、信息办应加强对智慧社区的规划和指导。各区

要把智慧社区建设作为“一把手”工程，主要领导要高度重视，对本区域的智慧社区建设统筹规划、协调推进。各街道党工委、办事处作为智慧社区的实施主体，依据市、区统筹规划和指导，组织建立由街道内对应设置机构，如公安派出所、房屋土地管理办公室、环境卫生管理所、工商行政管理所、社区卫生服务中心、城市管理监察分队以及社区内企事业单位、物业管理公司参加的智慧社区工作委员会，落实措施、大力推进，确保智慧社区工作的顺利开展。

（四）多渠道筹集智慧社区建设资金

（1）申请政府信息化发展资金，按照国家产业政策，争取国内外优惠低息贷款支持，引导和鼓励金融机构、社会资本支持智慧社区建设。

（2）创新发展多种融资方式。充分依靠社会力量，走资金筹措多元化、市场化、社会化、国际化的路子，按照谁投资谁受益的原则，建立多元化投资体系，积极引进风险投资，鼓励国内外投资机构参与到智慧社区建设中来。

（五）推进智慧社区的标准化建设

智慧社区的建设必须遵循统一的智慧社区建设标准与规范，构建连通市、区、街道、社区四级的网络平台，以避免出现基层管理部门多套系统并用、信息资源低水平重复开发和数据重复采集等现象。

四、智慧社区建设的模式

（一）智慧社区建设的要素

当社区通过各种行政手段、市场方式、技术方法等要素来实现信息化的特定目标时，这些要素的有机结合称为智慧社区发展模式。智慧社区建设从立项、筹备到建设实施整个过程都遵循着一个统一的指导原则；在目标的确定、信息化硬件设施建设、网络建设、服务运营和政策的制定等各方面都遵循着既有的轨迹，从无到有、从低向高逐级发展。它们的共性为智慧社区建设发展模式。智慧社区发展模式应该包括以下几个要素：

1. 智慧社区建设的发展目标

智慧社区建设有两大基本目标：管理和服务。这两大目标既互相联系，又各有侧重。

管理目标侧重于政府对社区的管理，包括人口（常住和流动人口）有关的计划生育、劳动就业、医疗卫生、社会保障与救助等管理；社区综合治安管理；社区公共环境与公共设施管理等。政府对社区的管理和服务，在传统方式下，往往是“上面千根线，下面理还乱”，各种“条”“块”资源不能共享，仅靠社区（居委会）工作人员，往往事倍功半。而在社区信息化条件下，通过搭建统一政府管理信息平台，整合各种管理资源，形成“上面千根线，下面一根针”，需要什么，通过社区工作人员的“牵针引线”来实现，将大大提高工作效率和管理水平，实现事半功倍的效果。

服务目标除了政府为居民提供的服务外，还包括企业和其他有关机构为居民提供诸如家政、旅游、购物、订餐、理财等服务，以及居民的自我管理和服务。在传统方式下，居民往往在每项服务上需求上花费大量精力去搜寻提供服务者的信息，而提供服务者同样要花费大量人、财、物力去了解居民（家庭）的服务需求，服务的供求双方效率低下。而在智慧社区条件下，通过搭建统一服务信息平台，缩短服务供需双方的时空距离，能大大提高服务效率。

这两大目标的实现，是有先后次序还是同时并行，是全面铺开还是分步推进，必须根据一定的因素来探讨。

2. 智慧社区建设的投资主体

信息化建设需要大量投入，其投资主体有政府、企业、其他社会机构与个人。不同的投资主体,其投资动机、目标、投入能力各有不同。政府投资智慧社区,是为了提高政府对社区的管理与服务能力,实现社区的和谐发展,进而实现整个社会的和谐;企业及其他投资者,更多的是为了获得经济利益的回报。智慧社区的大量投入,是以政府投入为主体,还是以企业及其他投资者为主体,或者政府与企业等多元投资主体共同投入,也是智慧社区推进中的关键影响因素。

3.智慧社区建设的管理运营

信息化是一个不断推进的过程,在这一过程中,初期的信息基础设施的投入是必不可少的,但更重要的是要运用科学的管理方法、合理的运营机制,才能保持其长期的生命力。在传统的投资项目上所遵循的"谁投资、谁管理、谁受益"原则,在智慧社区建设中可能要有所改变。因为智慧社区的目标不是单一的,其管理与服务如果分别由不同的投资主体(如政府与企业)建立不同的信息系统,难于实现资源共享和效率的提高。因此,智慧社区建设项目的管理和运营要有新的模式。

4.智慧社区建设的需遵循的政策法规

信息化在我国,特别是在西部地区,还处于初期阶段。在这一阶段,勇于探索、勇于实践无疑是非常重要的。"先发展,后规范"在探索过程中也是正确的。尽管我国目前信息立法和相关政策、规范落后于实践,但这并不等于政策法规不重要。一些部门和地区在信息化推进中出现"重硬轻软""重建设轻维护"等问题,恰恰说明应加大政策法规的研究制定力度,在规范化、法制化的背景下推进,能少走弯路。

当然,除了以上四个基本因素对智慧社区有重要影响外,人们特别是社区居民参与智慧社区的意识、社区工作人员和居民掌握的信息技术知识,在一定时期内也会影响智慧社区的发展。

（二）智慧社区发展的模式

《2006—2020年国家信息化发展战略》明确了推进社会信息化为我国信息化发展的九项战略重点之一。从功能上来分，可以将智慧社区发展模式归纳为政府管理模式、商业服务模式和公众服务模式三大类。

1. 政府管理模式

政府管理模式以强化政府的管理和服务为目标，以电子政务信息系统向街镇社区延伸为契机，推进全市智慧社区。

(1)政府管理模式的优点。第一，目标较为单一。政府的管理和服务结合，寓服务于管理之中。政府管理模式包括对社区的常住人口和流动人口基本信息管理、计划生育管理与服务、劳动就业管理与服务、特殊人口（残疾人、低保、空巢老年人）的管理与服务、社会综合治安管理、社区公共环境与卫生管理、突发事件的管理等，可用电话、短信、传真、E-mail、Web等多种形式相结合的方式接入统一的政府公众信息网，提高街镇社区工作人员的工作效率，使社区居民享受方便、快捷的政府服务。第二，推进速度快。目前，一些地区的电子政务网已在所有区、县联网，主城多数街镇和部分社区已接入电子政务网，基础较好。

(2)推进政府管理模式的难点。第一，难于满足社区居民日益多样化的服务需求。第二，政府投入负担较重且效率不高。第三，基础信息开发和共享难度大。

2. 商业服务模式

商业服务模式以建立社区信息服务平台为基础，为社区居民提供商业服务为手段，以获取商业利益为目标，推进社区商业服务信息化。

(1)商业服务模式的优点。第一，目标明确。在社区信息服务平台上，居民可足不出户得到相应的商业服务，享受现代科技的便利；商家可利用社区信息服务平台，获取消费者的服务信息，直接为消费者提供增值服务，进而获得商业利益。第二，容易整合各种资源。社区信息服务平台为平台软件提供商、网络运营商、移动应用服务提供商、应用开发商、终端设备提供商、商业服务提供商等利用各自的优势参与到智慧社区建设搭建了平台。第三，能维持日常管理运营。居民从中得到实实在在的好处后，其参与度较高；企业为了其商业利益，会强化平台的管理运营。

(2)商业服务模式的明显缺陷。第一，谁来搭建统一的社区信息服务平台问题。从该平台的目标来看，应该由企业投入来搭建。企业的投入需要回报，而社区信息服务平台的建设投入大，产出周期长，对企业的实力和战略眼光是一大考验。第二，网络服务的普遍性与商业利益的矛盾的协调难度大。企业肯定优先考虑在基础条件好、居民收入高的社区连接社区信息服务网络，部分条件差的社区可能无法连接社区信息服务网络。第三，政府管理与服务同商业服务融合难度大。国内一些城市的实践表明，仅由企业投入而搭建的社区信息服务平台，难于实现政府对社区居民的管理和服务职能。要实现这部分职能需要再搭建专门实现政府管理与服务的社区信息服务平台，这与智慧社区推进的初衷相悖。

3.公众服务模式

公众服务模式，以公众服务为核心，强化政府管理和服务、引导企业为公众提供商业服务、搭建居民自我管理服务的信息平台为目标，全面推进智慧社区。

(1)公众服务模式的优点。第一，综合性的目标符合智慧社区的发展方向。前面两种模式都只以某方面为侧重点推进智慧社区，其目标在较短时间内容易实现，但发展到一定阶段后，其缺陷也日益暴露。第二，能充分调动街道(居、村委会)、企业和居民的参与积极性。在这种模式下，街道(居、村委会)利用社区综合应用管理平台整合各部门下到街道的业务系统，实现一套基础数据支撑各项业务，各项业务产生的数据集中于“共建共用”的主题数据库，从而解决街道无数据可用和条块分割造成的信息孤岛问题，将街道、居委会从繁重的日常工作中解脱出来。这不仅可以高效地行使管理职能，而且能够更好地为公众服务。企业可在授权许可的前提下利用共建共用的主题数据库，更加充分地了解社区居民的需求，主动提供优质服务，从而获得商业利益。居民则在该平台上享受政府、企业提供的多种服务的同时，还能积极参与社区建设。

(2)公众服务模式的缺点。第一，投入大。建设和维护智慧社区平台、基础数据库，实现其综合服务功能，不仅投入大，而且是一项长期的工作。第二，标准滞后。要使平台充分发挥作用，必须在建设之初，首先确立相应的标准。尽管国内一些城市已制定了智慧社区应用技术标准，国家也正在制定智慧社区应用技术标准，但社区服务信息化的应用技术标准还基本没有。第三，协调难度大。首先是政府各部门的协调难度大，造成政府各部门信息共享难的体制、机制、利益问题的根源仍然存在。其次是政府管理与服务信息和企业提供服务所需要的信息如何共享。

应当指出的是，这三种模式绝不是同时形成的，而是随着人们对电子政务、智慧社区理解的不断加深而逐渐形成的。它们更像是我国智慧社区发展过程中三个不同的阶段，从偏重政府管理到慢慢引入市场化手段，再到注重公众服务，统筹兼顾，这是我国智慧社区建设理论逐渐完善、逐级发展的过程。因此在具体的城市案例中，很难将一座城市的智慧社区建设过程归纳为其中的一种，从中既可以看到政府管理模式的痕迹，看得到商业服务模式的影子，能看出向公众服务模式转变的趋势。

4. 智慧社区发展模式的共性特征

我国智慧社区的三种推进模式，虽然在侧重点上各有不同，但是它们具有以下几个共性：

(1)“线上综合服务平台＋社区基础信息数据库”组成的硬件

体系。线上综合服务平台强调能为市民提供全时、全面的服务，“一站式”“一方受理”等也是各地在建设综合服务平台时的基本构想。从目前的实施情况来看，各地搭建起来的服务平台都具有较高的质量，能提供的服务也正在逐渐丰富，一些地方确实能够实现“一个平台，包管天下”的设计初衷。但这种由各地方主导的建设模式，也具有容易导致各平台间不兼容（同一城市不同小区之间的平台、同一城市不同部门之间的平台）的潜在问题。目前很多地方的智慧社区都处在设立重点推广区、示范区的阶段，在向全市范围内推广之时，如何保证各服务平台的统一性、兼容性是一个需要注意的问题。

作为智慧社区工程中最靠外的一环，线上综合服务平台往往能得到更多的关注。而社区基础信息数据库由于不引人注目，可能会被工程建设中求快、求新的心态所忽略。再加上数据的采集、整理都是极麻烦、细致的工作，更使得数据库容易成为整个智慧社区工程的短板。

数据的采集和整理是整个智慧社区工程建设中的难点，各地在推进这部分工作时也提出了许多具有创造性的思路，经过实践检验，其中的一些具有良好的可操作性和可推广性。上海市石门二路社区建设的“实用人口总和信息资源库”，可以“一次采集，多次使用”，并采取“以户管人”的理念，通过软件可以更好地使用和维护街道人口数据；广州市的“滚雪球”的方法，通过设立具有激励性质的制度，使得各个部门愿意共享彼此的数据，从而极大地简化了数据采集的工作。

(2)“为民服务”的核心观念以及灵活多样的服务方式：智慧社区工程是为民办事、为民服务的工程，归根到底就是要为居民提供真正方便、优质的服务。智慧社区发展较快较好的地方，无一不是将居民的需要、居民的方便放在首位，从政策、规划的制定，到具体的建设实施过程，始终贯穿着这一核心观念。

在搭建好硬件框架之后，服务方式和项目的设置就凸显出各地的特色。各个城市都从本地的实际出发，充分发挥自主创造性，提出和实行了许多深得当地居民好评的服务。在一些细节当中，更能看出政府部门的精心设计。

第四节　智慧社区建设的架构与实施

一、智慧社区的框架设计与需求分析

（一）智慧社区的框架设计

现代信息技术的飞速发展和因特网技术的广泛应用，使社会信息化和信息社会化逐渐成为社会发展的大趋势。社区作为社会结构的重要组成部分，其结构和功能日趋多样和复杂，传统的管理方法与管理模式已滞后于社会发展的需要，社区管理工作的信息化逐渐引起人们的关注。

现阶段，社区居民参与社区管理和享受社区服务的主要方式有两个：第一，利用家庭计算机终端，通过街道或社区事务受理中心的外部服务平台网站进行；第二，通过拨打热线电话来寻求社区服务。信息互动通道显得过于单一，还不能够满足居民对信息服务的要求。而且由于计算机操作的复杂性，对于一些居民尤其是老年人来说很难掌握，而传统的电话呼叫方式使用语音，效率又很低，因而需要其他的家庭信息终端或开发专用的信息终端参与到社区管理和信息服务中来。

智慧社区框架设计指的是在社区管理服务中进行社区信息处理的系统设计。它通过对系统内外信息的收集、存储、加工处理，借助计算机网络，获得社区管理中的有用信息。并以表格、文件、报告、图形等形式输出，以便管理人员和决策者有效地利用这些信息组织社区活动，协调和控制各操作子系统的正常运行。

智慧社区框架设计主要是通过整合现有各类业务平台，对各种成熟的信息终端进行系统集成，使多种终端都可以作为社区信息服务的受理终端，为社区服务实体与居民家庭之间提供更多更好的信息通道，为社区居民提供更加便捷的“一口式”受理和“一站式”的服务，以最大限度地解决信息传递瓶颈问题。

智慧社区建设大大改善了社区的管理工作，在提高社区居委会办公效率的同时，促进了社区居委会工作规范化，使各级政府部门紧紧围绕着社区这根“线”，为社区服务，为百姓服务，极大地丰富了居民的文化生活，促进了社区的精神文明建设。智慧社区系统平台建设还为“数字民政”与“数字社区”建设奠定基础，在维护社区建设成果的基础上实现新的飞跃。

（二）智慧社区的需求分析

需求分析也可以称为系统分析或逻辑分析，其是系统开发的第一个阶段，是信息系统设计和实现的基础，也是重要的、必不可少的环节。智慧社区框架的设计开发必须首先做好需求分析工作，智慧社区框架设计开发成功的关键在于对问题的理解和描述是否正确。而清楚地描述问题，解决“做什么”的问题正是需求分析的基本任务。需求分析的重点是对系统的要求进行分析，即首先对组织各部门、各业务进行详细的了解，并在此基础上进行分析，确定用户需求，从而提出系统的逻辑方案设计。

二、智慧社区的服务内容

智慧社区框架设计服务内容比较丰富，涵盖范围比较广，包括与社区管理服务密切相关的各类模块，如人口管理、民政业务、劳动保障、综治业务、经济管理、社区管理、卫生防疫、计划生育、信访业务、事务管理、基础设施管理、科教文体管理等。

（一）人口管理

人口管理主要指对社区范围内各类人员的管理，包括人口基本信息管理、人口社会特征信息管理、人口关系信息管理、流动人口信息管理、农业人口信息管理、人口信用信息管理、人口教育信息管理、家庭基本信息管理等。

（二）民政业务

民政业务指社区层管理服务部门要处理的社区内人员的民政事务，包括民政关注对象管理、社会捐赠管理、收养管理、殡葬管理、低保管理、养老管理、社保管理、医保管理等。

（三）劳动保障

劳动保障指针对社区内人员的劳动保障管理，包括职业介绍、就业人员管理、职业培训、失业人员管理、退休人员管理、零就业家庭管理、外出打工人员管理等。

（四）综治业务

综治业务包括综治关注对象管理、牌照发放管理、违章建筑管理、卫生环保管理、消防安全管理、防民间纠纷激化管理、社会治安管理等。

（五）经济管理

经济管理主要指与经济相关的社区组织、单位以及社区内的税收等内容的管理，包括社区单位管理、社区组织管理、纳税信息管理等。

（六）社区管理

社区管理指社区内各项日常相关事务的管理，包括资产管理、办公用品管理、人事管理、社区组织机构管理、制度管理、会议管理（包括听证会管理）、社区服务站管理、车辆管理、活动管理、志愿者管理等。

（七）卫生防疫

卫生防疫主要指在社区范围内实施的各项卫生防疫管理工

作，包括预防服务管理、医疗服务管理、保健服务管理、康复服务管理、健康中心数据管理、省际流动人口计划生育信息交换等。

（八）计划生育

计划生育指针对社区内人员、与计划生育有关的各类管理，包括计协会员管理，育龄妇女信息管理，计划生育专用信息管理，避孕及查环，查孕管理，计划生育药品药具管理，子女及孕产管理，社区计划生育技术服务管理等。

（九）信访业务

信访业务指针对社区内人员进行信访活动的管理。

（十）事务管理

事务管理主要指社区车辆管理、社区活动管理等。

（十一）基础设施管理

基础设施管理指对于社区内各类资产、设施的管理，包括社区房屋管理、体育设施管理等。

（十二）科教文体管理

科教文体管理主要指科普教育管理、青少年教育管理、继续教育管理、老年教育管理、文化团体管理、体育团体管理、文体活动管理等。

三、智慧社区的设计与实现

（一）智慧社区的设计目标

1. 智慧社区的系统设计

系统设计就是为实现需求分析提出的系统逻辑模型所做的

各种技术考虑和设计。系统设计的指导思想就是结构化设计，通过结构化设计手段，确定系统的概念模块以及相互间的联系，利用一切可用的技术手段和方法，进行各种具体设计，选择经济合理的方式，确定系统的实施方案。系统设计亦称为系统的物理设计，它是智慧社区框架设计的最重要环节之一，直接影响智慧社区框架设计的性能、概念、效率和效益。

2.智慧社区的系统设计目标

智慧社区框架设计是建立涵盖社区居民、社区单位和公共资源的社区综合管理信息服务平台，建立社区居民信息资料数据库，实现对“电子公民”的管理与服务。采用国家标准编码，建立涵盖社区居民、社区单位和公共资源的社区基础信息数据库。消除信息孤岛，实现数据共享。梳理街道业务流程，使街道、居委会事务性工作标准化，提高办事透明度及办事效率。

系统设计的目标是依据系统的逻辑模型，设计出满足用户要求的质量高和可靠性强的系统。其主要体现如下四个方面：

第一，系统功能应该尽可能满足用户的需要，提供用户所需要的各种信息。一切围绕用户的需要而开发设计是系统设计阶段的中心任务。系统还应在满足用户需求、完成设计目标的基础上，尽可能简单，避免一切不必要的功能。

第二，系统效率是与时间有关的指标，包括系统的处理能力、处理速度、响应时间等。对于处理方式不同的系统，一般来说，影响系统效率的因素取决于：系统中硬件及其组织结构，人机接口是否合理，计算机处理过程的设计质量。

第三，系统性和可靠性是作为一个整体而存在的，因此在系统设计时，应从整个系统的角度进行考虑，而系统的代码要统一，设计规范要标准，传递语言要尽可能一致，对系统的数据采集要做到数出一处、全局共享，使一次输入得到多次利用。

系统的可靠性指系统在运行过程中，抵御各种干扰保证正常工作的能力。这种能力体现为工作的连续性和工作的正确性。系统的可靠性包括：检查错误的能力、纠正错误的能力；系统在干扰下不会发生崩溃性瘫痪，一旦发生故障后重新恢复及重新启动的能力；硬件、软件的可靠性及存储数据的精度等。提高系统的可靠性有多种途径，如选取可靠性较高的硬件设备，采取硬件结构的冗余设计（即采用双机的结构方案），设置故障检测，规定系统安全等级（如规定用户的文件使用级别，重要文件的备份）等。

第四，系统应具有很强的环境适应性，能够随着系统对象的发展而扩展变化。系统的适应性是指允许系统被修改和维护的难易程度。由于系统环境的不断变化，系统本身也需要不断修改和完善。这就要求系统应具有较好的开放性和结构的可变性。一个适应性强的系统，各部分独立性强，容易进行变动，不断满足对系统目标的变化要求，系统因此拥有较强的生命力。

以上四个方面的指标，在一定程度上既互相矛盾又相辅相成，需要综合考虑。另外，对于不同的系统，由于功能及系统目标的不同，对上述指标的要求会有所侧重。

（二）智慧社区的设计原则

1. 实用性和先进性

智慧社区系统平台的构建要立足于社区的实际情况，系统的构建既要满足当前社区管理的需求，又要对未来的需求提供有预见性的支持。不能一切只追求奢华，好高骛远，建成很庞大的一个系统；也不能忽视现状，建成的系统不能充分满足社区管理的需求。另外，尽可能采用先进的计算机及网络技术以适应更高的数据处理要求，使整个运行平台在一定时期内保持技术上的先进性，并具有良好的扩展潜力，以适应未来系统应用的发展和技术升级的需要。

2. 开放性和标准化

数据中心形式的信息数据库建设用户集中运行平台要具备

较好的开放性，相关系统和设备应是业界主流产品，遵循业界相关标准，保证数据中心形式的信息数据库建设选用的主流系统和设备能够随时无障碍地接入集中运行平台，实现系统和数据的集中运行和统一维护管理。

3. 可扩展性

数据中心形式的信息数据库建设用户集中运行平台要能够根据生产信息化不断发展的需要，方便地扩展系统容量和处理能力，具备支持多种应用的能力。同时可以根据应用发展的需要进行灵活、快速的调整，实现信息应用的快速部署。

4. 可靠性和安全性

为保证业务应用不间断运行，数据中心形式的信息数据库建设用户集中运行平台必须具有极高的安全性和可靠性。对系统结构、网络系统、服务器系统、存储系统、备份系统等方面应进行高安全性和可靠性设计。系统要达到 C2 级以上标准安全级别，具有一定的防病毒、防入侵能力。在采用硬件备份、冗余、负载均衡等可靠性技术的基础上，采用相关的软件技术提供较强的管理机制和控制手段，以提高整个系统的安全可靠性。

5. 经济性

一般来说，在实现社区信息化的过程中，资金是一个很大的障碍。因此，在建设智慧社区系统平台的时候，经济性是社区应该考虑的一大原则，应以较高的性能价格比构建智慧社区系统平台，使资金的产出投入比达到最大值。

（三）智慧社区的实施

智慧社区框架设计的实现主要涉及硬件设备的准备、软件开发、系统安全问题、系统调试四个方面。

1. 智慧社区实施的硬件设备的准备

从经济效益和使用效果来看，除了选购可靠性、可维修性、可扩充性好的计算机系统外，还应该在购置之前考虑计算机的处理能力、存储容量、输入输出设备、联机用户数，提高利用效率，考虑环境的要求。

2. 智慧社区实施的软件开发

在开发之前，根据软件开发的背景和目标，制定严格、详细的开发规范。开发规范主要包括：系统设计规范、程序开发规范和项目管理规范等。在开发的过程中，开发人员要严格遵守既定的开发规范，以形成整个系统的和谐步调和统一风格，也便于今后的系统维护和扩展工作。开发小组应该有合理的人员构成，包括项目负责人、系统分析员、系统设计员、程序员和测试人员等，人员要分层次，下层人员要服从上层领导的管理。项目进度管理是软件开发中最难做好的一项工作，要制定一个可行的项目进度计划，然后在项目开发进行的过程中，根据实际情况对计划进行不断调整。程序设计要实用，设计要本着让使用者使用方便、容易入手，还要遵循正确可靠、易理解扩充、效率高的原则来评价程序质量。

3. 智慧社区的系统安全问题

智慧社区系统平台的安全问题具有以下几个特点：

(1)实体安全。实体安全指系统设备及相关设施运行正常，系统服务适时，具体包括环境、建筑、设备、电磁辐射、数据介质、灾害报警等。

(2)软件安全操作系统、数据库管理系统、网络软件、应用软件等软件及相关资料的完整性，具体包括软件开发规程、软件安全测试、软件的修改与复制等。

(3)数据安全指系统拥有的和产生的数据或信息完整、有效，使用合法，不被破坏或泄漏，包括输入、输出、用户识别、存取控制、加密、审计与追踪、备份与恢复。

(4)运行安全指系统资源和信息资源使用合法，包括电源、环境气氛、人事、机房管理、出入控制、数据与介质管理、运行管理和维护。

为了达到系统安全运行的要求，应该建立一套科学的管理制度。具体包括如下六个方面的内容：

(1)机房管理：要保持机房清洁无灰尘，同时对机房的温度和湿度要严格控制，要有防静电设施。要建立和健全各项管理制度，保证计算机有良好的运行环境，避免非常事件对系统的侵害；加强电源保护，防止由于电源失常而使系统遭到破坏，每个网点都应配置不间断电源；并要做到定期维护，要有符合要求的接地线，以防雷击或静电烧坏机器。

(2)操作管理：要严格按照各种操作规程处理业务，每天对计算机打印的数据资料进行核对，确保准确无误。同时，对于特殊维护、特殊处理等情况，应手工辅以登记说明。要对数据文件的属性进行控制，防止非法篡改。一些重要的数据文件可定义为专用文件、只读文件或对文件的操作权限及用户加以限制，或采用专门技术，定义为隐形文件，未经授权，难以动用，以保证社区数据的安全。

(3)密码权限管理：各级权限要真正分开，操作员密码要定期或不定期进行更换，以防泄密或被他人盗用。要不断完善应用系统，防止通过非法操作进入超级用户状态，导致社区管理信息的安全性得不到保护。为此，一要杜绝非法进入；二是系统对非法进入超级用户的情况做记录，以便检查；三要加强对应用系统源程序的管理，源程序不得随意下发，并要注意保密，防止非法窃取，同时定期或不定期对网点应用程序进行检查比较，防止非法篡改。

(4)档案管理：要建立备份制度，对备份的数据进行加密或采取其他保密措施。数据备份要严格按照规定的期限保存。作为永久性保存的软盘要每半年重新拷贝一次，防止信息丢失，并要明确专人安全保管，一旦遭到破坏，能够通过恢复功能，完全恢复到原有状态。同时对外来数据盘的使用必须慎重。对于硬件也要备份，一旦计算机发生故障或遭到破坏，用备份的计算机及时顶替上去，不影响业务的正常办理。同时，要加强对备份机的管理，平时不得在备份机上操作，备份机上应用系统的各级密码也要相互保密。

(5)防病毒管理：建立严格的管理制度，凡与社区数据无关的存储盘一律不得使用，建立严格的检测制度，所有存储盘必须经过检查后方可使用；一旦感染病毒，及时进行消除，以保障系统的正常运行。并且要随着计算机病毒新花样的出现，不断更换检测和杀毒软件，以便能及时防止和消除病毒的蔓延和感染。

(6)配备专职的管理和维护人员：选拔合格人选，进行培训，熟练掌握该系统的操作方法。定期进行硬件、软件的升级更新等维护，以保证系统能够正常运作。

4.智慧社区实施系统的调试

系统调试对于保证系统质量来说是一项非常重要的工作，但调试只能证明程序有错，而不能证明程序无错，所以任何软件都不能保证内部没有错误。为了确保管理信息系统的安全与可靠，一方面要加大调试力度，另一方面要抓住调试重点。一般要经过程序调试、联合调试、系统调试三个步骤。经过调试以后，系统就可以在工作环境中运行，最终实现智慧社区系统的正常工作。

四、智慧社区的网络结构

智慧社区框架设计网络体系，一般来说可以分为内网应用体系和外网应用体系两个部分。内网部分依托已经建成的信息服务网络平台，外网部分依托国际因特网，可以通过网关进行数据交换。智慧社区系统网络架构如图 7-3 所示。这种模式具有很多优点，如平台统一、资源整合、集中共享、安全便利等。

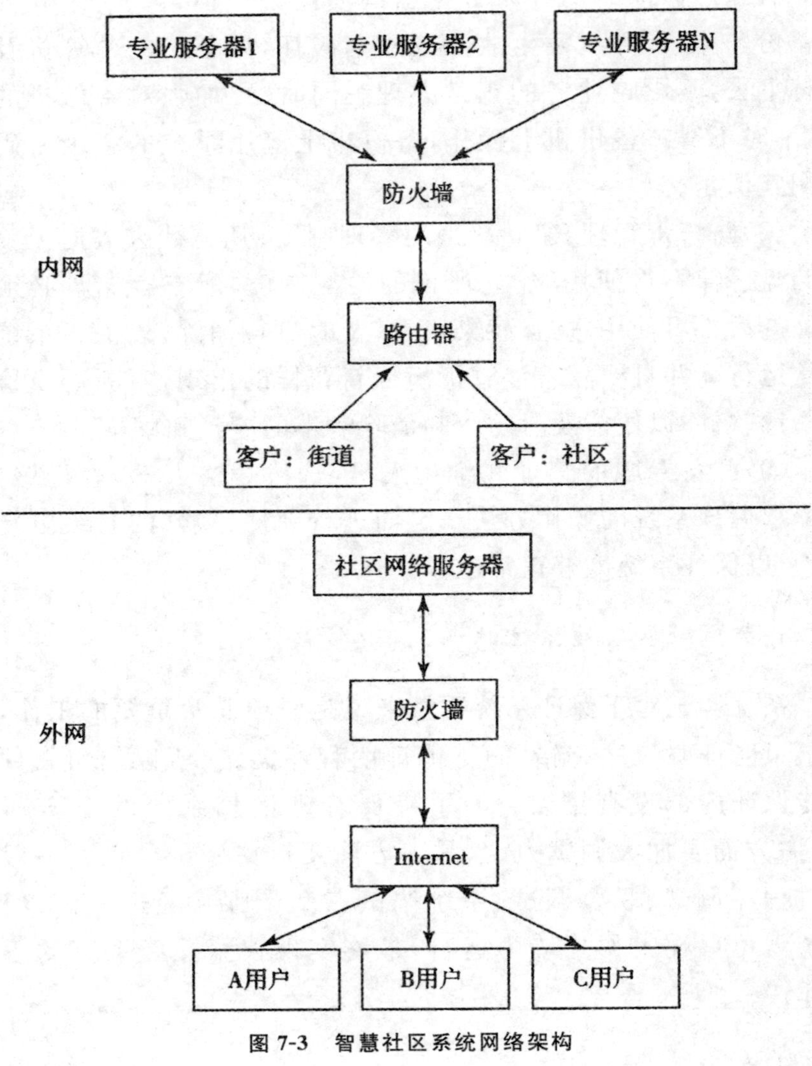

图 7-3　智慧社区系统网络架构

（一）内网应用体系

内网应用体系是一种利用 Internet 技术实现的能提供社区各部门之间进行信息交互的通用平台，是社区网络最基本的组成部分。内网采用开放的 TCP/IP 标准协议，采用浏览器/服务器

(B/S)结构，其核心是web技术。B/S结构把传统的客户端/服务器(C/S)结构中的服务器端分为应用服务器和数据服务器，所有应用的逻辑计算和数据存取都在服务器端进行，客户端只需采用标准的浏览器从服务器端获取数据。在B/S结构中，客户端界面将是标准统一的浏览器，并且客户端不参与应用逻辑计算。在B/S结构中，系统软件的升级、维护、更改都只需在服务器端进行，不用更改客户端，系统维护方便快捷。内网是共享社区信息的一种流行方式，而且成本很低，可以节约社区的时间和金钱。不管对较大规模社区还是较小的社区，内网是传输各种社区内部信息的最佳方法。

内网主要为政府部门各级工作人员和领导服务，以基础办公平台为依托，利用信息交换中心和认证授权中心提供的服务开发应用来提供服务。其主要包括三个部分：

(1)社区基础业务平台。智慧社区中核心的内容是面向街道、社区基层工作事项的业务处理和数据采集，社区基础工作事项涵盖党建、统战、治安、民政、文化、城管、计生、财政、劳动保障、社区服务等几十个门类的一百多项业务。

(2)社区基础数据利用。利用外网应用中社区基础数据管理系统所采集到的基础数据，开发出专门的应用系统，为政府部门和领导决策服务。基础数据决策系统通过社区录入的居民基础数据生成各类查询报表、图表，并通过相应表现形式展示出来，为各级领导和业务部门提供决策参考。

(3)与现有应用系统的整合。内网中有很多宝贵的信息资源，如公文、信息、法律法规等。信息采集发布系统采集这些信息，经过审核后，发布到外网的社区网站上。

(二)外网应用体系

外网应用体系可以是公共网络、专用网络或虚拟专用网络(VPN)几种网络类型的任何一种，这几种网络都能实现信息共享。外网必须是安全的，要防止将社区的信息泄露给未经授权的用户，社区的授权用户可以方便地通过外网联入其他网络，并获取信息。外网为社区提供了便捷的通信联络手段，帮助社区工作人员协调社区事务。利用传统的因特网协议，外网可用因特网实现网间通信，而且即使是独立于因特网的专用网络也可以使用因特网的协议和技术进行通信。

外网主要为社区工作人员和居民服务。社区工作人员可以通过因特网接入智慧社区平台，进行基础数据维护、信息发布、网站管理等日常工作。社区居民则通过浏览社区网站得到党员远程教育、居民文化资源共享等多类信息服务。智慧社区平台包含基础业务处理、网站信息发布、便民服务、政民互动等应用系统复合应用，并通过信息门户进行整合后，以社区网站的形式展现给终端用户。

外网网站分为区、街道、社区三级模式，区级网站为全区社区服务平台，下设街道子网站，每个街道子网站又分为各个社区子网站，每个街道社区都有自己的用户名，在自己的网站上发布自己的信息，在社区服务平台上会把所有的信息体现出来。

（三）其他应用系统

智慧社区框架设计是一个综合性的信息化平台，给社区的服务与管理提供全面的支持。依托这个平台，我们可以根据实际情况，结合社区需求，设计相应的其他应用系统，除了内网、外网应用系统之外还有五个常用的应用系统。

1. 信息化便民综合服务系统

信息化便民服务平台系统，是区域性的跨平台、跨行业、多功能、多媒介的城市社会化服务的一类大型综合服务平台，面对各类群体，通过广告宣传和商品直销等方式，使本平台在企业尤其是中小企业的供应、生产、销售链中的销售这一环节中发挥积极作用。通过布置在居民小区等人流相对集中区域的信息终端，可以方便居民、游客进行商品购物、车船票订购，提供社保、医保、气象、物价等信息查询。缴费业务方面可进行水、电、煤气、手机、固定电话等项目的缴费,并可当场获得交易发票或凭证。项目突出“便民、利民、为民”的原则,有利于电子商务应用的普及和提高,使电子商务和信息技术能够真正被运用于老百姓的生活。

2. 地理信息城市管理系统

以多媒体电子地图为载体,展示区域主要地理信息数据内容,以进一步提高办公的数字化、网络化为目的,搭建起来的综合性办公服务平台。此系统应是一个综合系统,采用“一体化网络地理信息平台软件 Geo Beansv 4. 5”,可以应用 Ms SQL Server 2003 数据库,ASP 脚本语言编写的基于网络的电子地图管理系统,在这个系统中可以达到信息共享。各职能部门作为一个子系统,同时也是一个相对独立的系统,达到保密性的目的。此系统既可以领导决策,招商引资,发展区域经济等服务,又可以为各职能部门提供一个提高工作效率、节省工作经费的应用性工作平台。

3. 电子商务平台

由政府出面,与大型商业集团、网络运营商、电子产品供应商及软件公司开展合作,搭建电子商务平台,推动区域商贸服务业的深入发展。具体操作方式为:由大型商业集团提供区域内的商品货源、配送及服务,由网络运营商和电子产品供应商联合推出“宽带+计算机”的低价优惠套餐,为居民提供便利的网络信息平台,由软件公司设计完成网站及后期的运行维护,政府对整个项目进行引导规范和监督。

4. 党员远程教育网

各社区居委会通过智慧社区平台网络,连接党员远程教育网,社区的党员即可在社区内接受党的教育,学习党的重要会议精神,还可以远程参与党组织的会议。

5. 社区居民文化资源共享

基于智慧社区网络平台，建成全区居民文化资源共享系统，如影视文化网上观看，网上数字图书馆，网上数字档案资源等。

五、智慧社区的结构框架

智慧社区结构框架的设计非常复杂，其不仅涉及技术问题，而且涉及管理、体制与机制等许多方面。城市街道智慧社区框架设计如图 7-4 所示。其具体内容包括社区政务信息化、智慧社区、社区服务信息化、小区信息化和家庭信息化五个方面。其中，社区政务信息化和智慧社区需要应用行政化手段实施，小区信息化和家庭信息化需要运用市场化手段实施，而社区服务信息化则需要运用两种手段共同实施。

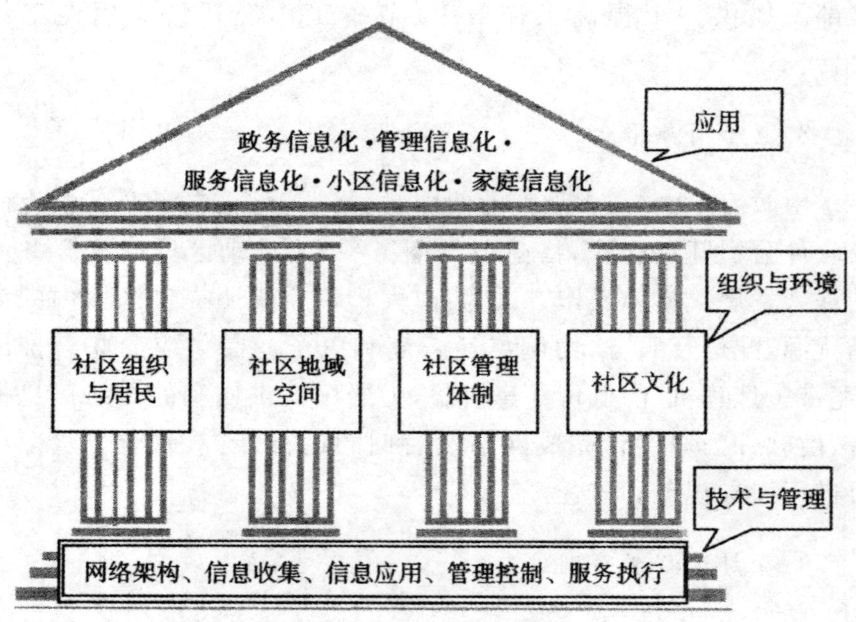

图 7-4 城市街道智慧社区系统框架

(一)社区政务信息化

社区政务信息化又称作电子政务,是在以网络技术为核心的信息技术发展的基础上所产生的政府管理的改革。智慧社区是电子政务的延伸,如今,社区电子政务成为全球关注的焦点,是世界各国政府社会信息化建设的主要方向之一。

(二)小区信息化

在全球信息化浪潮的推动下,随着信息基础设施建设和因特网技术的日渐完善,基于这一技术的应用以惊人的速度向社会各方面渗透,信息技术势不可挡地改变着我们的工作和生活方式。无论从城市现代化建设的必然要求出发,还是从提高城市居民生活质量的需求出发,实现小区信息化已成为城市信息化建设不可或缺的重要组成部分之一。社会经济水平的不断提高促使人们对居住的社区环境要求越来越高。进入信息社会以后,这种需求更突显出来。简单的小区信息化就是通过一定的布线系统组成社区家庭网络,并通过网络外线引出与小区以外的外部世界相连接,以适应人们在信息社会快节奏和开放性的生活,真正进入信息高速公路。

目前的小区信息化主要指的是将建筑技术与现代信息与网络技术、自动控制技术相结合,通过对小区的信息基础设施统一规划建设,将多个具有相同或不同功能的住宅、建筑物和区域等按照统筹的方法实现网络化和智能化,使小区管理机构、家庭用户等能以电话、传真、电视和计算机等多种媒体以及图文、声音、视频图像等多种方式获取小区内外信息,并进行信息交流,实现小区安全防卫、物业管理、收费、娱乐消费等信息化管理,不断提高小区管理决策、开发与经营的效率和水平,提高小区的品质。小区信息化的基础设施一般包括小区综合布线系统、小区通信网络、小区计算机局域网、小区 CATV 网等,其服务对象主要是小区内的居民以及物业公司等。

小区信息化要实现的目标是在先进的计算机技术、通信技术、控制技术及IC卡技术基础上,采用系统集成方法,逐步建立一个沟通小区内部住户与住户、住户与小区综合服务中心、住户与外部社会的多媒体综合信息交互系统,为住户提供一个安全、舒适、便捷、节能、高效的生活环境,实现以家庭智能化为主的、可持续发展的、具有21世纪风范的信息化小区。

(三)家庭信息化

城镇居民家庭信息化是现代信息技术的家庭化,通过信息资源的深入开发和广泛利用,不断提高家庭管理水平、生活效率和生活质量,促进家庭社会化,是家庭现代化的重要标志之一。具体来说,家庭信息化是实现家用电器数字化、家庭管理网络化、家庭居住智能化、家务电子化等,其内涵十分丰富。家庭信息化不仅是信息技术的延伸,而且是家庭与社区、社区与城镇管理的延伸,它已经成为衡量城镇、社区和家庭现代化的一个重要标志。

现阶段,我国城镇居民家庭信息化以电视、电信和户外信息活动等互相融合的信息技术为主并迅猛发展。事实上,家庭信息化并不仅是家庭通电话、建网络这么简单,它应该是多维度的立体信息服务,即技术方面包括有线无线的融合、音频视频处理、宽带接入等;内容方面覆盖家庭网络、家庭娱乐、家庭安全、家庭管理等。

参考文献

[1]郭圣莉,张良.改革开放 40 年中国城市社区治理的实践与创新机制[M].上海:上海人民出版社,2018.

[2]黄安心,秦佳楠.新型社区治理[M].广州:广东高等教育出版社,2018.

[3]谭日辉.北京社区治理机制研究[M].北京:中国社会科学出版社,2018.

[4]刘晓丽.中国城市社区治理的微循环:社区公民的生成机制研究[M].北京:中央编译出版社,2018.

[5]万碧玉.中国智慧社区建设标准体系研究[M].北京:中国建筑工业出版社,2018.

[6]郭学贤.城市社区建设与管理[M].北京:北京大学出版社,2018.

[7]周晨虹.社区管理学[M].武汉:华中科技大学出版社,2018.

[8]沈光辉,周瑛.社区工作实务[M].北京:中国社会出版社,2018.

[9](加)阿维·弗里德曼著;齐梦涵译.智能社区[M].桂林:广西师范大学出版社,2018.

[10]韩芳.新型农村社区建设与管理研究[M].北京:知识产权出版社,2017.

[11]黎熙元,黄晓星.现代社区概论[M].广州:中山大学出版社,2017.

[12]哈曼.社区工作实务[M].北京:北京师范大学出版社,2017.

[13]王小丽，沈菊. 社区建设理论与实务[M]. 北京：机械工业出版社，2017.

[14]庄西真. 社区治理与社区教育[M]. 苏州：苏州大学出版社，2016.

[15]项继权. 中国农村社区建设研究[M]. 北京：经济科学出版社，2016.

[16]李学斌. 现代社区建设专题研究[M]. 北京：中国社会出版社，2016.

[17]张年，孙景乐. 智慧小区建设与运营综合版[M]. 上海：复旦大学出版社，2016.

[18]王喜富，陈肖然. 智慧社区：物联网时代的未来家园[M]. 北京：电子工业出版社，2015.

[19]于大鹏. 物联网社区服务集成方案和模式研究智慧社区的建设与运营[M]. 北京：国防工业出版社，2015.

[20]黎昕. 新型农村社区建设研究[M]. 武汉：华中科技大学出版社，2015.

[21]蔡大鹏. 智慧社区建设及发展范例[M]. 北京：军事医学科学出版社，2015.

[22]佟岩，刘娴静. 社区建设与社会治理创新[M]. 北京：知识产权出版社，2015.

[23]蒋昆生. 中国农村社区建设实务[M]. 北京：中国社会出版社，2014.

[24]周沛. 社区社会工作[M]. 北京：社会科学文献出版社，2014.

[25]陈洪涛. 社区社会工作者实务能力[M]. 北京：中央广播电视大学出版社，2014.

[26]李笑. 社区工作者提升实务[M]. 北京：经济管理出版社，2014.

[27]《社区文化与社区教育》编写组. 社区文化与社区教育[M]. 沈阳：沈阳出版社，2014.

[28]谢守红.城市社区发展与社区规划[M].北京:中国物资出版社,2013.

[29]马仲良.社区建设概论[M].北京:中国社会出版社,2012.

[30]尹保华.社区建设创新与社会管理[M].北京:知识产权出版社,2012.

[31]孙秋云,曹志刚.社区与社区建设八讲[M].武汉:华中科技大学出版社,2011.

[32]于燕燕,卓思廉,陈漭.社区管理[M].北京:北京邮电大学出版社,2011.

[33]星球地图出版社.农村社区建设与发展[M].北京:星球地图出版社,2011.

[34]张韧韧,吴华.社区建设理论与实务[M].北京:北京大学出版社,2011.

[35]师坚毅.新农村社区建设与管理[M].北京:中国社会出版社,2010.

[36]蒋奇.社区建设与管理[M].北京:北京大学出版社,2008.

[37]吴志华.大都市社区治理研究:以上海为例[M].上海:复旦大学出版社,2008.

[38]郭强.中国社区建设报告2007[M].北京:中国时代经济出版社,2008.

[39]胡宗山.城乡社区建设概论[M].武汉:湖北科学技术出版社,2008.

[40]王霄.农村社区建设与管理[M].北京:中国社会出版社,2008.

[41]王敬尧.参与式治理:中国社区建设实证研究[M].北京:中国社会科学出版社,2006.

[42]孙桂华.社区建设[M].北京:中国劳动社会保障出版社,2006.

[43]黎熙元,童晓频,蒋廉雄.社区建设:理念、实践与模式比较[M].北京:商务印书馆,2006.

[44]马国柱.社区工作者必备素质[M].北京:中国社会出版社,2003.

[45]张磊.中国城市社区建设与运作模式实施手册[M].北京:中国城市出版社,2001.